Mo Marlitt

Lady Buddha

Finde die Liebe in dir selbst

HERDER

FREIBURG · BASEL · WIEN

HERDER spektrum 6938

MIX
Papier aus verantwortungsvollen Quellen
FSC® C083411

Originalausgabe

www.herder.de

Satz: Designbüro Gestaltungssaal
Vignetten im Innenteil: © Nattle - shutterstock
Herstellung: CPI books GmbH, Leck

Printed in Germany

ISBN 978-3-451-06938-3

Inhalt

Nur weg hier!
7

Das Schneckenmädchen
23

Geheime Erscheinung
37

Erste Erkenntnisse
43

Nächtlicher Besuch
57

Missverständnisse
67

Ordnung
77

Morgenstern
93

Abendstern
97

Seelenbaumel
109

Die Einladung
115

Lady Buddha
127

Nur weg hier!

Es gibt ein sehnsuchtsvolles Gefühl nach Ruhe, Liebe und Leben in mir«, gestehe ich meiner Freundin Friederike. »Irgendwie und auf eine sehr spezielle Weise«, versuche ich zu erklären, »habe ich es nicht geschafft. Da fehlt ein Puzzlestein. Obwohl ich meinen Job zum Beispiel sehr mag. Aber ich habe es nicht geschafft. Ich bin in mir nicht zu Hause.«
Was das genau ist, dieses »geschafft« und was ich meine mit »Zuhause«, kann ich nicht in Worte fassen. Es ist ein Gefühl, das ich seit meiner Kindheit habe und das sich schmerzhaft meldet, wenn ich Menschen wie Friederike treffe. Menschen, die auf eine ganz spezielle Weise satt und gesegnet sind. Friederike ist immer im Einklang mit sich. Sie ist beliebt, hat viele Freunde und eine warmherzige Familie. Natürlich hat sie auch schon tiefe Täler durchschritten. Auch ihr ist nicht alles in den Schoß gefallen. Aber sie hat eine Art Urvertrauen, das ihr hilft und sie unterstützt. Wie Friederike wäre ich auch gerne. Das ist kein Neid, sondern eher ein Verlangen.

Vielleicht ist es dieser Vergleich, der mich darauf bringt, dass eine Auszeit eine Wende ermöglichen würde. Raus aus dem Trott, hinein ins Behagen und für kurze Zeit die Seele baumeln lassen. Nun stehe ich in diesem Zimmer.

»Hier kann ich unmöglich bleiben«, stößt es aus mir hervor. Diese Bude ist eine Absteige und die Funzel von einer Lampe leuchtet das Entsetzen dieses Raumes aus: Zusammengewürfelte Möbel, ein schlichtes Bett und schwere Vorhänge, die den Raum erdrücken. Ich atme tief durch und meine Augen suchen verzweifelt etwas, das ihnen gefallen könnte. An der Wand hängt ein Bilderrahmen mit einem Engelporträt darin. Doch der macht das Grauen hier auch nicht besser, im Gegenteil. Wenigstens bei der Eso-Deko hätten die sich ein bisschen ins Zeug legen können.

Die Erschöpfung mischt sich jetzt mit großer Enttäuschung. Schwerer Nebel legt sich über meine Seele und lähmt meinen Körper. Als wäre ich nicht sowieso schon am Rand meiner Kraft! Mehr als hundert Überstunden haben mich so weit gebracht, dass ich nichts mehr stemmen konnte. Jede To-do-Liste wurde zu einer Rucksackladung voller Steine. Und alle diese Steine kullern in diesem Augenblick auf den Boden und schreien mich an: Was hast du dir dabei gedacht, hierher zu fahren? An diesem Ort wirst du dich unmöglich erholen können.

Das Bett ist so schmal, als wäre es für eine Novizin aus dem 17. Jahrhundert gemacht. Ich bin größer, ich brauche Platz. Meine Müdigkeit will sich einkuscheln, streicheln lassen und was ich ganz besonders brauche, sind Antworten. Deswegen habe ich mich auf den Weg gemacht. Ich muss wissen, was ich tun kann, damit mein Leben nicht weiter zerfasert. Damit ich in innerer Harmonie lebe. Schon spüre ich erste Tränen über meine Wangen kullern. Dabei habe ich schon ganz lange nicht mehr geweint. Nicht mal aus Liebeskummer. »Ich bin ein tapferes Mädchen, ich bin eine Kämpferin. Ich schaff das!«, versuche ich die Felle zurückzufischen, die mir gerade emotional davonschwimmen.

Mit einem Seufzer lasse ich mich in den kleinen Sessel fallen. Er wackelt beängstigend. Schützend ziehe ich mein weiches Jäckchen enger um meinen Körper. Niemals werde ich es in diesen Sperrholzkleiderschrank legen! Das ist reinster Kaschmir aus Nepal. Dort wird er nur Fäden ziehen oder Motten stürzen sich mit zähnefletschender Gier auf ihn.

Auf dem Couchtisch liegt ein Werbeprospekt des Hauses. Worte wie »Sinnfindung«, »Tiefe Seelenerholung«, »Liebevolle Zuwendung« und »Ankommen!« stechen mir ins Auge. Genau das wünsche ich mir. Alle Falten, so habe ich gehofft, würde die Seelenerquickung glätten. Das Graue würde sich lösen und ich Yogitee mit einer Haltung trinken als wäre es Champagner. Ich werde mich wieder über mich freuen, wenn ich in den Spiegel blicke. Da es hier aber keinen Spiegel zu geben scheint, ist dieser Punkt vorerst sowieso hinfällig. Was ist das eigentlich für ein Beutel auf meinem Kopfkissen? Neugierig stehe ich auf, schnappe mir das karierte Säckchen und schnuppere daran. Der Duft von Blüten und Kräutern strömt mir entgegen – ich hasse Lavendel.

Müde lasse ich mich auf das Bett fallen, das Herz in meinem Brustkorb rast. Auch ihm ist es zu eng hier. »Halte nur diese Nacht durch, morgen reisen wir beide wieder ab!« Gerne würde ich jetzt mit Jochen reden. In Gedanken höre ich schon, wie er mich beruhigt. Aber das geht nicht, weil ich gerade dabei bin, Jochen den Laufpass zu geben. Ausgerechnet jetzt. Einsamkeit erfüllt mich. Genauso fühlte ich mich oft als Kind, wenn meine Eltern mich abends allein ließen, um tanzen zu gehen. »Schau Hanna, du bist doch schon so groß!« Bin ich nicht. Nicht damals und nicht heute. Tränen laufen an meinen Wangen hinunter und verschmieren sicherlich mein Make-up.

In einem Akt letzter Kraftanstrengung schleudere ich das Kräutersäckchen an die Wand. Das Zimmer verwandelt sich auch dadurch nicht in eine Suite. Wenn die Batterien leer sind, dann braucht man eine Umgebung, die glücklich macht und nährt. Genau das hatte ich mir erhofft. Ausspannen, mit Lady Buddha meditieren und mir ein paar weise Sätze für die Zukunft einpacken lassen. Denn Lady Buddha ist der Grund, warum ich hier bin. Die geheimnisvolle Heilige, die Menschen so berührt, dass sie danach anders in den Spiegel blicken. Von ihrem Namen hatte ich gelesen und ihn dann bei irgendeinem Gespräch – ich glaube im Zug – nochmal aufgeschnappt. Etwas hatte mich bei dem Wort Lady Buddha berührt, ja sogar beruhigt. Wie eine Quelle war mir der Name erschienen und die Vorstellung, dass es einen Ort und eine Heilige geben könne, die mich annimmt, runterbringt, der ich mich anvertrauen kann und die mich aus meinem gehetzten, verworrenen Leben führt, all das hatte wie ein Magnet auf mich gewirkt und mich angezogen. Kann Heilung möglich sein und ich meinen Lebenstraum vielleicht finden? Würde ich den Rhythmus entdecken, der für mich bestimmt war? Welcher Traum, welcher Takt das sein könnte, vermag ich nicht zu benennen. Genügt es denn nicht, dass man um Erkenntnis und Hilfe bittet? Muss man am Ende auch noch sagen, was genau man eigentlich will? Am besten, die Lady entlässt mich mit den Worten: »Für dich wird es rote Rosen regnen!« Auch wenn das platt ist, wäre es als Botschaft toll.

»Das wäre doch gelacht«, spreche ich mir Mut zu und erinnere mich an mein Versprechen, diese eine Nacht zu bleiben. Ich will sie wenigstens gesehen haben. Vielleicht ist es möglich, eine Art Essenz von ihr zu bekommen, wenn schon nicht die volle Dröhnung. Außerdem möchte ich eine kleine Lady-Buddha-Figur kaufen, als Souvenir.

»Wenigstens ist es sauber«, sehe ich mich um und lasse meinen Zeigefinger prüfend über den Rand des

Nachttischchens wandern. Mutter sagt das immer, wenn sich ein Hotel als Fünf-Sterne-Tempel pries, aber eigentlich nur zwei verdient hätte. In meinem Miniatur-Badezimmer drehe ich den Wasserhahn auf, um mir die Hände vom Staub und Schweiß der Reise zu befreien, aber der Wasserstrahl bleibt auch nach einigem Warten kalt. Energisch drehe ich den Hahn wieder zu.

»Ich werde mich beschweren!«, erkläre ich schimpfend der Katze, die auf dem Weg zur Rezeption neben mir herläuft.

»Ach, die Badsituation musst du erst mal ignorieren«, kommentiert die Dame am Empfang meinen Zornesausbruch.

»Was soll das heißen?«, hake ich energisch nach. Dieses Mädel wird mich noch kennenlernen! Ich bin hier Gast!

»Im Moment ist es leider so. Aber wir sind schon dabei, den Mangel zu beheben. Das Warmwasser läuft gerade mal besser, mal schlechter, aber irgendwann wird auch das repariert sein. Denk dir einfach es wäre warm.« Sie lacht breit und unbekümmert.

»Soll das Buddhismus sein?«, lege ich böse nach. Dieser passive Widerstand macht mich zunehmend aggressiv und ist völlig deplatziert, wir sind hier weder in Tibet, noch befinde ich mich in einem thailändischen Waldkloster.

»Entschuldigung bitte, ich bin hier Kunde und außerdem wüsste ich gerne, wieso Sie mich duzen!«

»Nehmen Sie doch bitte da drüben Platz«, schaltet sie sofort um, wirkt aber irgendwie noch immer unberührt. »Viola, unsere Hausleiterin, kommt gleich und möchte Ihnen gerne noch ein paar Fragen stellen.«

»Was soll das? Muss ich erst ein Quiz absolvieren, um etwas mehr Licht und warmes Wasser zu bekommen?« Selbst auf dem Nullpunkt bin ich durchsetzungsfähig. «Ich erwarte von Ihnen …«, beharre ich weiter auf mein Recht, als eine junge Frau um die Ecke biegt und direkt auf mich zukommt. Sie sieht genauso aus, wie ich hier abreisen möchte: Glücklich, entspannt, vollkommen zufrieden. Na warte, denke ich und straffe meinen Rücken.

»Ach schön, da bist du ja. Ich bin Viola«, lächelt sie und scheint völlig zu übersehen, dass ich gleich platze. »Ich habe nur ein paar Fragen. Wir wollen unsere Gäste gerne besser kennenlernen.«

»Ich möchte über mein Zimmer reden!«, ballere ich zurück. Und überhaupt, wieso sagen alle hier »Du« zu mir?

»Aber ja. Doch zuerst setzen wir uns. Möchtest du gerne Tee?«

Ich verneine, weil mir ein Glas Rotwein lieber wäre. Früher hätte ich mir in diesem Moment auch sofort eine Zigarette angezündet. Jetzt muss ich den Quatsch ohne Nikotin über mich ergehen lassen, weil ich dummerweise nicht mehr rauche. Obwohl das sicher eine wunderbare Form des Protestes wäre. An diesem heiligen Ort sind Fleisch, Alkohol und Nikotin sicher verboten.

»Darf ich mir Notizen machen?« Wie eine Schülerin klappt Viola ein kleines Notizbuch auf, in dem eine Reihe Fragen stehen. Unter jedem Satz ist Platz für eine Antwort. Na gut, wenn es uns weiterbringt, denke ich. Die Fragen, die Viola mir dann aber stellt, hauen mich aus der Bahn. Wie ich mich in meinem Leben sehe. Ob ich meine Lebensaufgabe kenne, vertraut bin mit meinen Sehnsüchten und Wünschen? Ob ich Freude spüre, wenn ich mir selbst begegne. In welchen Momenten ich mit mir in Kontakt trete.

»Zum Beispiel jetzt«, schießt es aus mir heraus.

»Mein Selbst regt sich darüber auf, dass mein Zimmer so dunkel ist. Das Bad ist ein Desaster und meine Beschwerden stoßen bei Ihrer Mitarbeiterin auf taube Ohren.«

»Nein, das meine ich nicht. Du sprichst doch gar nicht mit dir, sondern schimpfst mit anderen. Hast du denn viele Freunde?«

Viola blickt zu mir auf. Ihr Gesicht schwebt über dem Radiergummi, der das Ende ihres Bleistifts bildet. Ihr Blick ist ganz ruhig, als ob ich nichts gesagt hätte.

»Nicht direkt«, antworte ich diplomatisch.

Viola legte den Kopf schief.

»Ich habe eine gute Freundin und einige nette Kolleginnen.«

»Findest du Erfüllung im Leben?«, fragt sie während sie meine Antwort notiert.

»Im nächsten Jahr werde ich ein globales Team führen«, berichte ich von meinem nächsten Ziel und fühle, wie mein vertrauter Stolz sich meldet. Ich, die kleine Hanna, die mal mit der Mittleren Reife anfing, habe mich hochgeackert und jetzt arbeite ich in einem multinationalen Konzern und werde bald weltweit agieren. Yes! Strike! Ich habe es geschafft!

»Ich meine so etwas wie dein persönliches Lebensziel, nicht wo du beruflich hin willst.«

Sie schaut mich an und zieht eine Augenbraue dabei hoch. Ich mag das nicht, denke ich, und meine Augen heften sich an ihrer Braue fest. Dabei ist es nicht ihre Mimik, die mich stört, sondern ihre Frage hat einen wunden Punkt getroffen. Ja, das gab es mal, das Nachdenken, wohin ich mit meinem Leben will. Etwas in mir will in dieser Erinnerungskiste wühlen, aber ich bin zu verärgert, als dass ich diesem Impuls vor anderen nachgeben will.

»Ich arbeite daran«, mogele ich mich um eine Antwort herum. Dass diese Frage kommt, ich hatte fest damit gerechnet. So wie das Amen in der Kirche. Aber doch nicht jetzt und hier. Mitten im Foyer! Eigentlich wollte ich doch nur warmes Wasser haben!

»Magst du dich? Bist du mit deiner Persönlichkeit einverstanden?«

»Wieso nicht?«, reagiere ich bockig. Lange genug fand ich mich nicht gut, aber jetzt bin ich stolz auf meinen Erfolg. Mein Blick schweift umher und bleibt an einem Bild an der Wand hängen. Es zeigt einen Tempel im Sonnenlicht. Darunter steht: »Das Heilige ist in dir!« In mir ist nichts Heiliges. Ich will auch gar nicht heilig sein. Heilig ist die große Schwester von Langweilig. Ich will nicht langweilig sein, sondern begehrenswert.

»Liebst du und wirst du geliebt?«

»Die Frage verstehe ich nicht.« Wer glaubt diese Viola eigentlich zu sein, dass sie sich wie eine Seelenklempnerin aufführt.

Ja, ich habe eine Beziehung und weiter Ja, ich bin gerade dabei sie zu beenden. Das hat nichts mit mangelnder Liebe zu tun, sondern eher mit einem verlorengegangenen Wir.

»Okay. Das reicht für's Erste.« Viola klappt den Ordner zu. »Du hast einen ganz wunderbaren Fundus.«

Sie scheint das ernst zu meinen.

»Das klingt doch alles nach einem richtig schönen Angebot«, unterstreicht sie das eben Gesagte.

»Wenn du dich auf dich einlässt, dann kannst du hier eine Menge von dir lernen.«

Ein Gast geht vorbei und winkt ihr zu. »Ich war bei ihr. Es war super!«, höre ich ihn Viola zuflüstern und sehe wie er sich dankbar verneigt.

»Fühl' dich umarmt«, winkt sie zurück.

»Das hier quält mich!«, sage ich ernst und mit fester Stimme. »Das Zimmer quält mich und die Glückseligkeit, die ich sehe und die ich nicht nachvollziehen kann.«

»Was glaubst du«, fragt Viola, »ist es wichtiger, fließendes Wasser zu haben oder sich im Fluss zu fühlen?«

Verdutzt runzele ich die Stirn. Darauf sag ich nichts mehr und habe die Antwort doch längst formuliert.

Mein Stresspunkt am Rücken meldet sich. Ein ziehender, manchmal klopfender Schmerz, der, wie mir mein Physiotherapeut erklärte, von der Konfliktlage zwischen Angriff und Flucht herrührt.

»Stress beginnt da, wo Sie sich einer Situation ausgeliefert fühlen«, meinte er lässig, während er mir über den Nacken strich. »Das ist wie eine Art

Tunnelblick, der unsere Vorfahren mobilisierte. Zur Flucht vor dem Säbelzahntiger zum Beispiel. Heute rennen die Leute schon, wenn sie eine Maus sehen.«

»Ist was mit dir?«, holt mich Viola ins Hier und Jetzt zurück. »Geht es dir nicht gut?«

»Erfasst!«, poltere ich sie an. »Und ich beabsichtige morgen wieder abzureisen. Wäre es möglich, die Lady heute Abend noch zu treffen?«

»Welche Lady?«

Tatsächlich scheint Viola nicht zu verstehen.

»Na, Lady Buddha. Es gibt hier doch wohl so eine Art Wahrsagerin, die einem auf die Sprünge hilft.«

»Leider nein.«

»Können Sie nicht eine Ausnahme machen, ich möchte unter diesen Umständen hier keine Minute länger bleiben.«

»Wenn ich dich so anschaue«, Viola kommt etwas näher, »wäre eher die Idee, deine Zeit hier zu verlängern, die bessere Entscheidung.«

»Bitte?!«

»Also dann deutlicher: Ja, du kannst hier Lady Buddha treffen. Sie ist die Liebe in Gestalt. Diese Begegnung will aber, dass du innehältst und einen Moment bei dir und in dieser Umgebung ankommst. Das Treffen mit ihr ist kein Speed Dating, sondern es setzt die Bereitschaft voraus, sich einzulassen und erfahren zu wollen. Weder das eine noch das andere kann ich augenblicklich bei dir erkennen.«

»Und was meinen Sie, wie lange ich mich gedulden muss?«, drängle ich mit einem unmissverständlichen Unterton.

»Bis du bereit bist.«

»Und wann ist sie bereit?«

In diesem Moment ertönt ein Gong, der zum Essen ruft, wie mir Viola signalisiert, und ich werde an meinen leeren Magen erinnert. Es hat sowieso keinen Sinn, weiter mit ihr zu sprechen. Nichts hat einen Sinn in diesem Haus.

Das Schnecken-mädchen

Als ich den Speisesaal betrete, schaue ich mich scheu um. Etwa ein Dutzend runder Tische sind in diesem Raum besetzt, an einem sitzt eine junge Frau allein, ich schätze sie auf Siebzehn oder Achtzehn. Das muss Sarah sein, bei der ich, wie Viola mir gesagt hat, sitzen soll. Nebenbei hat sie noch erwähnt: »Sarah ist schon seit zwei Tagen bei uns und hat das Wasserthema bereits für sich gelöst. Vielleicht sprecht ihr gleich über etwas anderes.« Das soll also meine Tischnachbarin für die ganze Zeit hier sein? Diese Sarah sitzt da, vermummt mit einer Wollmütze und einem dicken Schal, stochert in ihrem Salat und hält ihren Blick stur nach unten auf den Teller gerichtet. Wenn nicht über Wasserhähne, über was soll ich denn sonst mit diesem blassen Mädchen sprechen? Vielleicht über Youtube-Kanäle, Songconteste, Hello Kitty oder Fantasy-Serien?

»Guten Abend«, bemühe ich mich um ein Minimum an Höflichkeit und erhalte als Reaktion auf meine Good-Will-Geste nur einen flüchtig-scheuen Blick und ein angedeutetes Nicken. Dann heftet Sarah ihre Augen wieder auf ihr Essen. Schönes Wetter heute, will ich fast sagen, halte mich dann aber zurück. Ich ziehe meinen Stuhl etwas weiter von ihr weg, setze mich und studiere die Karte, die in dem kleinen Ständer klemmt. Na gut, mit Sterneküche ist hier nicht zu rechnen, aber zumindest wird gesunde Vielfalt geboten.

»Haben Sie die Bedienung schon gesehen?«, versuche ich es auf die unverfängliche Art, doch Sarah würdigt mich keines Blickes.

»Musst dir selbst was holen. Da vorne am Buffet. Besteck und Teller gibt es dort auch.«

Schon wieder werde ich geduzt! Nicht dass ich etwas gegen Begegnungen auf Augenhöhe hätte, aber alles, finde ich, braucht seine Zeit. Außerdem kenne ich diese Göre doch gar nicht! Und ich bin weit davon entfernt, sie kennenlernen zu wollen. Ich interessiere mich nicht für Schneckenmädchen!

»Herzlichen Dank«, bewahre ich meine Contenance, stecke die Speisekarte wieder zurück und stehe auf, um mich selbst um mein Essen zu kümmern. Im Grunde ist es hier überraschend wohlig. Offenbar versteht es das Haus ja doch, für Gemütlichkeit zu sorgen. Am Büfett schnappe ich neugierig kleine Gesprächsfetzen auf.

»Warst du heute auch im Garten?«

»Ja, wir waren mit Ben. Es war so schön.«

»Er stellt immer im richtigen Moment die richtigen Fragen, oder?«

»Ja, das ist echt wahr. Gibst du mir noch etwas von dem Käse?«

»Entschuldigen Sie, dass ich Ihre Unterhaltung unterbreche«, kommt mir ein spontaner Einfall. »Wissen Sie vielleicht, wo ich Lady Buddha finde?«

»Ist sie nicht hier?«, lacht mir die Gartentante ganz offen ins Gesicht und schaut sich suchend um. »Doch doch, ich konnte sie bereits spüren!«

Die Frau mit dem Käse lacht einfach mit.

»Du bist gerade ankommen?«, sagt sie schwesterlich.

»Richtig«, beende ich diese merkwürdige Kommunikation und schnappe mir zwei Scheiben Brot, dann kehre ich zu meinem Tisch zurück. Hier sind offenbar alle durchgeknallt.

»Wie ist Ihr Zimmer?«, erkundige ich mich höflich bei Sarah.

»Gut. Einfach«, sie schaut mich an. »Aber darum geht es hier ja nicht oder bist du etwa wegen der Ausstattung der Räume gekommen?«

»Natürlich nicht«, gebe ich mich belanglos und belege mir ein Brot. »Und warst du denn auch schon

bei Lady Buddha«, versuche ich es erneut und nehme dafür den familiären Ton in Kauf. Wenn es der Sache hilft …

»Jetzt doch noch nicht«, sie schaut ein wenig hoch. »Aber ich freue mich schon sehr darauf.«

Sie lächelt freundlich. Das steht ihr gut. Als könne sie meine Gedanken lesen, huscht ihr Blick wieder nach unten und schweigend mümmelt sie weiter an ihrem Salat. Es ist wohl nicht viel herauszubekommen.

»Weißt du denn, wie sie aussieht? Hat man sie dir gezeigt?«, gebe ich nicht auf.

Keine Antwort, nur die Mütze scheint wie von selbst ein Stückchen weiter in die Stirn zu rutschen.

»Ich denke viel nach«, wechselt sie einfach das Thema.

»Und über was?«

»Darüber, was das Wertvollste an mir ist.« Jetzt sieht sie mich direkt an und ihre Augen sind dabei neugierig und gleichzeitig fragend. »Hast du auch schon darüber nachgedacht?«

»Das Wertvollste?«, wiederhole ich etwas überrannt.

Zugegebenermaßen finde ich diese Frage etwas unvermittelt und auch nicht wirklich passend. Noch immer schaut Sarah mich wartend an.

»Wertvoll empfinde ich, dass ich erfolgreich in meinem Job bin«, wiederhole ich die Gedanken, die ich schon im Gespräch mit Viola hatte, etwas anderes fällt mir jetzt nicht ein.

»Das meine ich nicht. Ich meine echt wertvoll. Also das, was du an dir magst oder was andere an dir mögen. Etwas, das dich für dich selbst unverzichtbar macht.«

Ich gebe mir Mühe ihr zu folgen. Für mich selbst unverzichtbar? Vielleicht ist sie krank, rätsle ich. Möglicherweise sieht sie sich von innen und von außen.

»Bist du mitfühlend, herzlich, verstehst du andere ohne viel Worte?«, hilft mir Sarah ungebeten auf die Sprünge. »Bist du großzügig, liebend, kannst du dich leiden, auch wenn du versagst, bist du friedvoll, kannst du zurückstecken, eine Idee aufgeben, teilen, zugreifen? Es gibt so viele Eigenschaften. Welche ist die wertvollste für dich?«

»Das Brot schmeckt gut«, winde ich mich aus der Situation, »ich denke, ich gehe nochmal zum Buffet.«

Wertvoll. Bis eben brachte ich den Begriff eher mit teurem Schmuck und edlen Handtaschen in Verbindung.

Das Wertvollste an mir, rattert es in meinem Kopf,

ich ahne, was Sarah meint. Ich habe darüber bislang nicht viel nachgedacht. Hat Jochen sich jemals dazu geäußert? Wahrscheinlich nicht, er ist eher ein ruhiger Mensch, der gerne schweigt und nicht viel über seine oder meine Gefühle sprechen will. Wie soll man herausfinden, ob man für jemand wichtig oder wertvoll ist, wenn dieser Mensch nichts sagt?

Mit einer Scheibe frischem Brot, einem Schälchen Salat und etwas von dem Zucchiniauflauf komme ich an den Tisch zurück, und wie gehofft hat Sarah-Schnecke jetzt anderes in ihrem Kopf. Sie sitzt mit einem Kugelschreiber in der Hand brütend über einem Blatt Papier.

»Du musst hier auf der Liste noch eintragen, was du morgen essen möchtest.«

»Mmmh«, reagiere ich einsilbig.

»Das ist der Speiseplan«, fasst Sarah nach, als ich nichts sage.

»Wenn du dich nicht einträgst, bekommst du morgen nur einen leeren Teller.« Ohne Sarah eines Blickes zu würdigen, setze ich mein Kreuzchen unter vegetarisch. Dann wende ich mich meinem Zucchiniauflauf zu.

»Eine der vielen wertvollen Eigenschaften an mir ist«, fängt Sarah nun doch wieder mit dem unliebsamen Thema an, »dass ich anderen Menschen auch dann eine Chance gebe, wenn sie ganz anders sind als ich.« Sie nickt in meine Richtung und schlägt gekonnt die Augen auf. »Du hast mich eben darauf gebracht. Danke!«

Will sie mich veräppeln?

»Kannst du mir das genauer erklären?«

Doch ehe Sarah drauf reagieren kann, steht eine ältere Dame an unserem Tisch. Sie nickt uns zu und setzt sich auf den noch freien Platz. »Guten Abend, die Damen!«

Welche Erscheinung, denke ich und registriere ihre geschmackvolle Kleidung und die friedvolle Ausstrahlung.

»Seid ihr auch heute angekommen?«

Ihr graues Haar liegt in Wellen, sie ist wunderbar geschminkt und duftet nach der komfortablen Welt, aus der ich heute angereist bin.

»Ich bin seit vorgestern hier«, antwortete das Schneckchen unter seiner Wollmütze, mit einem Mal überraschend munter. »Meine Mama hat mich hergebracht. Bist du auch zum ersten Mal hier?«

»Nein, das bin ich nicht. Ach entschuldigt bitte, mein Name ist Gudrun.«

»Willkommen«, lässt Sarah einen ihrer beiden Fühler zu Gudrun wachsen.

»Hanna«, reiche ich Gudrun meine Hand und nicke etwas irritiert in Sarahs Richtung. Warum begrüßt sie Gudrun nur so offen und wieso ist sie mir gegenüber so zugeknöpft?

»Welch' nette Tischgesellschaft«, erfreut sich die Neue, vielleicht eine Spur zu laut, liest den Speiseplan, schaut sich um und zieht einen Fächer aus der Handtasche. »Leider ist niemand da, den ich kenne«, mit einem Rauschen klappt sie den Fächer auf und beginnt balancierend zu wedeln.

»Keine Sorge, mir ist nicht zu heiß«, beantwortet sie meinen fragenden Blick. »Ich mag den Fächer einfach sehr. Schau …« breitet sie ihn vor mir auf, »er ist aus roter Seide.« Dann blickt sie zwischen Sarah und mir hin und her. »Ich habe ihn bei meinem letzten Besuch hier geschenkt bekommen. Seitdem erinnert er mich daran, dass ich an mich denken soll. Wann immer ich ihn zur Hand nehme, stelle ich mir vor, wie ich mir mit jedem Lufthauch Selbstliebe und Freude zuwedele. Heute bin ich hier, um mich wieder daran zu erinnern und um frische Selbstliebe zu tanken.«

»Wie bitte?«, hake ich verdutzt nach und ziehe dabei eine Augenbraue hoch.

»Ach so, du hattest noch keinen Gruppenplausch. Warte nur ab, das ist der wunderbare Beginn von vielen Begegnungen mit dir selbst und …«

»... Lady Buddha?«, falle ich ihr ungeduldig ins Wort, doch sie geht gar nicht auf meine Frage ein.

»... und der Erfahrung, was wir an uns achten, lieben und wertvoll finden. Ist das nicht unglaublich spannend?« Sie lächelt Sarah an. »Ein Korb voller Geschenke! Bei dir gibt es doch bestimmt eine ganze Menge, so freundlich wie du bist.«

Ich kann es kaum glauben, doch Sarah zieht ihre Mütze etwas hoch, sodass eine blonde Haarsträhne zum Vorschein kommt. Schon schwärmt sie von verschiedenen tollen Gesprächen, die sie in den vergangenen Tagen geführt hat und wie sehr sie den Garten des Hauses liebt. »Manche Gruppenrunden machen wir auch draußen!«

»Ich werde leider nicht dabei sein«, zucke ich mit den Achseln und tue so, als ob mich das alles nicht beträfe. »Ich habe hier ein Anti-Stress-Programm gebucht und glaube nicht, dass für mich irgendeine Gruppentherapie vorgesehen ist.«

»Ist sie aber! Der Ablaufplan ist immer gleich. Er hängt an deiner Zimmertür«, freut sich Sarah etwas zu laut für meinen Geschmack. »Und es wäre gut, wenn du es dann wüsstest.«

»Was es?«, gebe ich zurück.

»Na, was du wertvoll an dir findest!«

Meine Sinne sind alarmiert. Dieser Ton, diese Aufforderung, diese energischen Blicke von Sarah, Viola, Gudrun. So war es früher in der Schule, wenn ich eine Klassenarbeit verdrängt hatte und einer meiner Mitschüler keifte: »Wir schreiben aber heute Mathe!« Mathe war und ist für mich bis heute mindestens so schlimm wie meine eigenen Stärken zu formulieren.

»Und es sind nicht berufliche Dinge gemeint«, grinst Gudrun, als hätte sie vorhin mein Gespräch mit Viola heimlich belauscht. Offenbar kann sie Gedanken lesen. »Es geht um Eigenschaften, all das, was du an dir schätzt und liebst, um alles, was dich zu einem wertvollen Menschen macht.«

Die meinen es ernst, reagiere ich panisch. Für die anderen unhörbar kracht ein Radieschen in meinem Mund.

Geheime Erscheinung

Was wertvoll an mir ist? Diese Frage begleitet mich ins Bett. Schlaflos wälze ich mich von der einen auf die andere Seite und finde keine Ruhe. Aus einem der Gruppenräume höre ich leise Musik. Was mein Vater wohl wertvoll an mir findet? Ich habe kein sehr gutes Verhältnis zu meinen Eltern. Klar, sie sind nett und dass ich mich so wunderbar durchsetzen kann, hat sicher auch mit ihnen zu tun. Aber sie waren immer sehr beschäftigt und hatten wenig Zeit. Im Grunde ging es immer nur um gute Noten. Papa hätte sicher gerne den Erfolg gehabt, den ich gerade lebe. Er sei stolz auf mich und bewundere meine Stärke, beteuert er immer wieder. Aber ich glaube es ihm nicht. Ist das eine wertvolle Eigenschaft? Stärke?

Mein Kopfkissen drückt, ich versuche es mir bequem zu machen. Als mir das nicht gelingen mag, schalte ich die Nachttischlampe an, stehe auf und gehe zum Fenster. Durch das Licht aus meinem Zimmer wirft meine Gestalt Schatten an die gegenüberliegende Hauswand. Als Kind mochte ich Schattenspiele sehr gerne. Stundelang habe ich gesessen und Geschichten um meine Figuren gesponnen.

Jetzt singen sie nebenan auch noch. Tönen nennt man das hier, so viel habe ich schon herausgefunden, denn die Gruppe gibt lediglich Vokale von sich. Ich versuche mich trotzdem zu konzentrieren.

Verdammt. Ich weiß es nicht! Geschichtenerfinden kann ich jedenfalls nicht als wertvolle Eigenschaft anführen. Und außerdem bin ich hier, damit genau das Lady Buddha mir sagt, aber die hält sich ganz vornehm zurück! Entmutigt lasse ich mich auf die Seite fallen und vergrabe das Gesicht in meinem Kissen. Neben meinem Kopf liegt das kleine Kräuterkissen, das in diesem Moment einen latenten Duft von Lavendel und Kamille verströmt.

Etwas bewegt sich im Zimmereck, hat es dort nicht eben geraschelt?

»Hallo?«, frage ich alarmiert und setze mich auf. Niemand zu sehen. Dennoch fühle ich, dass jemand mit mir hier ist. Spüre eine Gegenwart. Unsicher blicke ich mich um. Der Vorhang, weht er nicht mehr als noch vor wenigen Minuten? Spiegelt sich nicht der Umriss eines Gesichtes in der Fensterscheibe?

»Lady Buddha?«, frage ich leise und zittere ein wenig – nicht nur mit der Stimme. »Wer ist da?«

»Open your heart …«, singen sie im Gruppenraum. »Lady Buddha ist da …«

Dann wird es wieder still. Vor Aufregung schlägt mein Herz schneller. Ich weiß es genau: Sie war da! Lady Buddha war bei mir. Sie hat mich begrüßt – auf ihre eigene Weise. Das klingt verrückt. Davon kann ich niemandem erzählen.

Ich schwinge meine Beine aus dem Bett und stoße dabei aus Versehen mein Buch vom Nachttisch. Ein Brief fällt heraus. Es ist der Liebesbrief, den Jochen mir vor einigen Monaten geschrieben hat. Eher zögerlich ziehe ich ihn aus seinem Umschlag und lese auf zwei Seiten die Gründe, warum Jochen bei mir ist und mich liebt. »Du bist eine kraftvolle Frau, die sehr glaubwürdig ist. Deswegen hat es mich immer zu dir hingezogen. Du bringst mich zum Lachen. Deswegen habe ich mich in dich verliebt. Du hältst immer zu mir, unterstützt mich blind. Deswegen ist meine Liebe immer tiefer geworden. Dein Inneres ist sehr zart, auch wenn man es im Äußeren nicht immer erkennt. Aber ich weiß, dass du sehr sensibel mit Themen und Menschen umgehst. Du bist menschenfreundlich. Manchmal auch mit dir.«

Nach diesem Satz hatte Jochen ein Smiley-Gesicht, das zwinkerte, gesetzt. Zum Zwinkern ist mir eher nicht zumute, aber ich kann Jochens Nähe spüren und die Ernsthaftigkeit, mit der er mir diesen Brief geschrieben hat. Wenn er mich so liebevoll sieht, dann kann vielleicht auch ich die Augen für mich öffnen? Und wenn ich dies schaffe, vielleicht können wir uns dann auch als Paar wieder näher sein und müssen uns nicht trennen? Berührt und gleichzeitig sehr wach, suche ich nach einem Zettel.

»Ich bin verlässlich, notiere ich. Und ich kann gut durchhalten. Was man mir aufträgt, das bringe ich zu Ende. Ich bin eine gute Unterstützerin. Im Team achte ich auf andere Menschen.«

Ich stutze, als ich diese Auflistung lese. Zu viel Beruf?

«Ich sollte mehr Witze erzählen«, schreibe ich darunter. «Viel mehr Witze! Denn ich habe einen super Humor«.

Und während ich diesen Plan fasse, muss ich auch schon schmunzeln, weil ich mir Witze eigentlich nicht merken kann.

Erste Erkenntnisse

Der folgende Tag vergeht sehr langsam. Mein Fluchtinstinkt scheint eingeschlafen zu sein und somit muss ich nun auch an der abendlichen Gruppensitzung teilnehmen. Es ist mir unangenehm, denn ich spreche nicht so gerne über mich. Viel lieber würde ich Lady Buddhas Weisheiten lauschen. Die Gruppe besteht neben mir aus fünf weiteren Gästen, die sich alle wegen derselben Sache hier eingefunden haben: Sie möchten sich selbst wieder näher kommen.

»Ich bin mir ziemlich sicher, dass ihr alle wisst, wie man sich verliert«, lehnt sich Ben auf seinem Stuhl zurück. Ben ist unser Gruppenleiter. Er ist etwa in meinem Alter, also Mitte dreißig, leger gekleidet und hat die Ausstrahlung eines weisen Mannes. »Wenn ihr euch verlieren könnt«, er schaut uns alle an, »na, dann wisst ihr auch, wie man sich wieder findet und stärkt. Wo ein Weg von etwas weg geht, da führt er auch wieder hin.« Ich habe Ben bereits am Nachmittag im Garten kennengelernt. Er begrüßte mich und machte mich mit dem, was kommen würde, vertraut. »In einer Gruppe können alle voneinander profitieren, denn so unterschiedlich sind Menschen gar nicht. Jeder sehnt sich nach Liebe, auch in sich selbst.«

Als er jetzt zu uns spricht, vergesse ich meine Furcht für einen Moment. Der Zettel in meiner Hand kitzelt. Gleich werde ich sagen, was ich an mir mag. Ich bin froh, dass ich mir Notizen gemacht habe, auch wenn ich mich dadurch wie ein Schulmädchen kurz vor einem Referat fühle, denn er gibt mir ein wenig Sicherheit. Dass ich mehr Witze erzählen sollte, habe ich übrigens wieder gestrichen.

»Überlegt mal gemeinsam, was euch hilft, um in die Balance zu kommen. Ich bin mir sicher, dass ihr das wisst.« Mit diesen Worten steht er auf und lässt uns in der Mini-Runde zurück. Ich zerknülle den Zettel in meiner Hand.

»Ich habe gedacht, man wird hier gecoacht«, murmle ich Gudrun zu.

»Wirst du doch auch«, zwinkert sie mir zu. »Aber nicht von dem Menschen, von dem du es vielleicht erwartest.«

Schweigend sehe ich in die Runde und schweigend blicken die anderen zurück. Da sind ein sehr hagerer Mann, ich schätze ihn auf Mitte vierzig, Sarah und Gudrun, eine Frau, um die dreißig, die mit ihren Haaren spielt. So wie ein kahlköpfiger Mann mit tiefen Falten im Gesicht, er wird Anfang vierzig sein.

»Naja«, brummt es aus seinem Mund. »Jetzt weiß ich auch nicht. Vielleicht stellen wir uns erst einmal gegenseitig vor? Ich bin Egon.«

Er sieht mich an und ich weiß nicht genau, was er von mir will. Soll ich ihn etwas fragen?

»Ach so!«, fällt der Groschen. »Bin ich dran! Äh?! …« Du meine Güte, warum stottere ich denn so? »Ich bin Hanna.«

»Mechthild«, lächelt gleich die Frau neben mir.

»Ja, dann bin ich wohl noch dran. Mein Name ist Max«, sagt der hagere Mittvierziger.

Max, das klingt nett, aber mit seiner durchsichtigen Haut, die über den Wangenknochen spannt, sieht er alles andere als lustig aus.

»Wir sollen von uns erzählen«, fasst Mechthild Bens Auftrag zusammen. »Wenn man in solch einer Runde ist, kann jeder von jedem lernen.«

»Das stimmt«, nickt Gudrun. »Ich war schon mal hier und habe sehr von den anderen profitiert. Und daher weiß ich, dass eure Ideen mir helfen können.«

»Natürlich muss die Gruppe dafür konstant sein, es darf niemand gehen. Ihr bleibt doch alle für die nächste Zeit?«, fügt Mechthild hinzu.

Klack, ich fühle, wie sich eine moralische Fußfessel um meine Gelenke legt. Während meine Gedanken Karussell fahren, bekennt sich die ganze Gruppe, alle wollen sich gegenseitig helfen, zuhören, erzählen, und natürlich erwägt niemand, früher abzureisen. Hosen runter oder oben lassen? Herz auf oder zu? Habe ich dieser Runde überhaupt etwas zu geben? Was könnte ich erzählen, das neu ist und das die anderen, wenn schon nicht bereichert, dann doch wenigstens interessiert? Und wird mich auch das interessieren, was die anderen erzählen? Auch wenn ich nicht überheblich bin, habe ich da meine Zweifel, sehe ich das Schneckenmädchen, das schon wieder in Mütze und Schal gewickelt ist, oder Mechthild, die eher nach langer Zigarettenspitze als nach Kontemplation aussieht. Was ich suche, ist ein Rat, die Empfehlungen einer bestimmten Lady. Meditieren will ich, am liebsten in einem Ensemble aus flackerndem Kerzenschein, leiser Harfenmusik und auf rotem Brokat, weil man, wieder im Alltag angekommen, sich an solche Theaterkulissen besser erinnert. Kichert da nicht jemand? Mein Blick landet blitzschnell bei Gudrun und Sarah, doch keine von beiden sieht zu mir. Wer lacht da über mich? Oder halluziniere ich am Ende?

»Du bleibst doch auch?«, fragt Mechthild ganz direkt, weil sie offenbar gemerkt hat, dass ich hin- und hergerissen bin.

»Ich weiß nicht recht. Ich kenne euch doch gar nicht«, platzt es aus mir heraus.

»Na und?«, Sarah schiebt ihre Mütze etwas in den Nacken. »Deswegen kannst du doch von dir erzählen und den anderen zuhören.«

»Und wovon?«, frage ich störrisch zurück.

»Na erzähle zum Beispiel, wie du auf deine Eigenschaften kamst.«

»Meinen Zettel?«

Schon ziehe ich das zusammengeknüllte Stück Papier aus meiner Hosentasche.

»Nicht dein Zettel«, drückt Gudrun meinen Arm sanft herunter. »Deinen Weg. Wie bist du auf die Eigenschaften gekommen.«

»Das ist mir unangenehm!«, wehre ich sofort ab. »Es wäre mir lieber, jemand von euch würde beginnen. Wie wäre es mir dir?«, fordere ich Max auf, aber der lächelt nur zurück.

»Scheint spannend zu sein, was du erlebt hast«, zwinkert er mir zu.

»Glaub ich auch«, mischt sich Sarah wieder ein.

»Hey, hör auf mich zu drängen! Du verstehst das nicht. Dafür bist du noch zu jung«, fahre ich Sarah an und weiß doch, dass meine Reaktion unpassend ist. Warum habe ich das gesagt? Weil ich den Satz kenne? »Dafür bist du zu jung«, sagte meine Mutter oft zu mir, um mich zum Schweigen zu bringen. Auch andere wussten es immer besser: Für's Ballett zu ungelenk, für's Abitur zu faul, für die Liebe zu verschlossen. Ich weiß also aus eigener Erfahrung, wenn man ein »zu« formuliert, werden Menschen mundtot und sie bleiben einem vom Leib. Ich weiß es, weil ich selbst eine Mundtote bin, obwohl ich ständig rede und zwar in meinem Kopf. Debatten führe ich dort und Diskussionsrunden, an denen mehrere meiner Stimmen beteiligt sind. Um zu entspannen, bist du zu sehr mit deinen Gedanken beschäftigt, fordere ich mich jetzt auf, mit dem Denken aufzuhören. Noch während ich mich maßregele, wird mir vor lauter schlechtem Gewissen heiß, denn Sarah hat ihren Schal ein Stückchen über das Kinn gezogen und ihre Augen sehen nicht mehr zugewandt umher, sondern kleben am Teppichboden zu ihren Füßen. Super, ich habe es geschafft: Sarah igelt sich wieder ein.

»Es tut mir leid!«, höre ich mich sagen. »Du hast Recht, einen Versuch ist es wert, mal sehen, ob ich etwas beitragen kann.«

»Oder anzunehmen, dass wir dir etwas geben können und wäre es nur ein Wort.« Das kommt von Max. Er sieht mich ernst an und das ist noch schlimmer als Empörung oder Zorn.

»Offen gestanden, und ich möchte niemand zu

nahe treten, glaube ich nicht, dass ihr mich unterstützen könnt. Ich bin überarbeitet. Es ist eine Jobsache und damit leider individuell.«

»Das kenn' ich«, antwortete die, mit der ich am wenigsten gerechnet habe: Sarah. »Ich nehme mir oft zu viel vor, weil meine Eltern mich sicher nicht lieben, wenn ich nur die Hälfte bringe.«

Das wird jetzt ein großer Wurf und ich vermisse Ben. Was sollen wir tun, wenn Sarah zu heulen anfängt?

»Und, Schätzchen«, lächelt Gudrun sie von der Seite an und wedelt mit ihrem Fächer. »Was mich nun brennend interessiert, nimmst du das nur an oder haben sie das tatsächlich schon mal zu dir gesagt?«

»Sie haben es mir gesagt.«

Sarah schluckt, ich sehe es genau.

Gleich geht es los. Sie schnieft bereits. Was soll ich tun? Ihr ein Taschentuch anbieten? Ihr tröstend die Schulter tätscheln oder ist jetzt vielleicht der richtige Zeitpunkt für irgendeinen klugen Satz? Mir wird mulmig und da hilft es nur wenig, dass Egon jetzt aufsteht und auf das Flipchart, das in der einen Ecke des Raumes steht, eine Skizze zeichnet, die davon handelt, dass achtzig Prozent sowieso genügen würde, weil hundert Prozent die Menschen von sich selbst entfremdet.

»Das werde ich meinen Schwesternkolleginnen im OP-Saal verraten«, mischt sich Mechthild grinsend ein.

»Egal wo du bist und arbeitest«, meint Egon, »und auch egal, wie viel Prozent in deinem Fall achtzig oder hundert wären, wenn du deine Geschichte nicht kennst, nicht das, was dich zum Lachen bringt und in Energie versetzt, dann geht alles schnell gegen Null. Die Kurve«, er zeichnet sie auf, »geht dann nach unten. Die Frage, die du dir stellen musst, ist: Wie findest du zu dir und auf welche Weise erzählt dir deine Seele, was sie sich von dir wünscht? Erst wenn du das weißt, kannst du es dir erfüllen.«

Max schaut schon wieder in meine Richtung.

»Auf welche Weise hast du in deinem Leben schon erfahren, was du kannst und wonach du dich sehnst?«, spricht er mich direkt an.

»Ich, ich«, versuche ich nachzudenken und gleichzeitig zu sprechen, »ich, erzähle mir vor dem Einschlafen manchmal Märchen, in denen ich mitspiele. Oft träume ich sie im Schlaf dann weiter und wenn ich morgens aufwache, fühle ich mich gestärkt und manchmal auch unternehmungslustig wie ein Kind.«

»Wie genial ist das denn?«, reibt sich Gudrun die Hände. »Ich könnte mir vorstellen, dass du auf diese Weise viel von dir erfährst. Sich selbst ein Märchen träumen und selbst im Märchen sein. Was bist du? Drache, Zwerg oder Engel?«

Diese Frage wandert bis zu meinem Herzen, denn ich spüre, dass ich alles bin. Der Drache, manchmal ein Engel oder auch ein Zwerg. Den Drachen besänftige ich, in dem ich von heilenden Energien und Zärtlichkeit erzähle. Den Engel in mir hole ich von seinem Sockel, wenn ich mir vormachen will, die Wahrheit zu kennen, obwohl

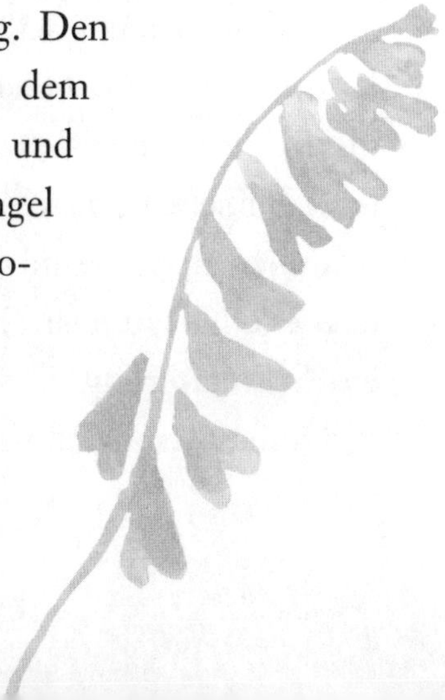

es doch Wahrheit gar nicht gibt. Und den Zwerg, das kleine Mädchen, das nehme ich in meinen Arm und beschütze es.

»Lady Buddha soll angeblich durch Geschichten in uns sprechen«, höre ich Sarah zu Gudrun sagen.

»Es stimmt«, nickt Gudrun, »sie ist da, auch wenn wir sie noch nicht gesehen haben.«

Wieso jetzt Lady Buddha, wie kommen die denn darauf?, frage ich mich und fühle mich ertappt, irgendwie durchsichtig. Mein Mund ist ganz trocken und meine Lippen fühlen sich rissig an.

»Manche Menschen erfahren auf diese Weise, dass sie fleißig und zuverlässig sind, für andere etwas tun oder nachdenklicher sind, als sie im Tagesbewusstsein von sich glauben. Märchen wirken wie eine Art Trance«, das ist Ben. Er ist wieder da und ich habe es gar nicht bemerkt. Wie lange sitzt er schon in dieser Ecke, auf diesem Stuhl?

»Wenn wir uns selbst etwas erzählen, treten die Kräfte in den Geschichten auf, die in uns schlummern. Sie machen sich bemerkbar als Tiere, Pflanzen oder wir sehen uns selbst, wie wir etwas können, was uns eben noch fremd war. Das Gehirn weiß nicht, dass es ein Traum ist. ›Bin ich ein Mann, der träumt, ein Schmetterling zu sein, oder ein Schmetterling, der träumt, ein Mann zu sein‹, fragte sich schon der

Dichter Dschuang Dsi dreihundert Jahre vor Christus. Wir sind nicht die Ersten, die sich damit beschäftigen, aber jeder Traum, den wir bewusst gestalten oder nutzen, kann eine wichtige Bewegung in uns auslösen. Jede Veränderung, auch die im Verhalten, nimmt irgendwo ihren Anfang.«

»Und zuweilen weiß man danach eine ganze Menge mehr«, fügt Gudrun an. »Zum Beispiel, dass es an der Zeit ist, mehr Witze zu erzählen.«

Mir wird schwindlig, woher weiß sie das?, denke ich, der Zettel in meiner Hand ist plötzlich schwerer geworden.

Noch nie zuvor hatte ich auf diese Weise über meine Märchen-Phantasien nachgedacht. Können meine Figuren mir tatsächlich etwas über mich erzählen? Mich näher zu mir selbst bringen? Für mich sind sie eher meine ganz eigene Art des Schäfchenzählens. Ich werde dahinter kommen und deshalb bleibe ich.

Nächtlicher Besuch

Doch in dieser Nacht hilft mir meine Einschlafmethode nicht weiter. Ich bin aufgewühlt, finde keine Ruhe, tausend Gedanken suchen mich heim und treiben meinen Geist umher. Immer wieder muss ich an die Gruppensitzung denken. Morgen ist die nächste und ich werde wieder keine Antworten haben, weil ich einfach nicht zum Reflektieren komme. Wobei, das stimmt so eigentlich nicht, ich denke hier die ganze Zeit, aber ich gelange nur mühsam zu einem Ergebnis. Zugleich lässt mich mein Alltag nicht in Ruhe. All die Projekte, die schon seit Wochen unerledigt auf meinem Schreibtisch liegen, melden sich mit einem Mal.

»Ich erwarte von Ihnen ein Konzept«, hatte mein Chef bei unserem letzten Meeting vor meiner Abreise gesagt. Ich bin hin- und hergerissen zwischen dem, was die Firma weiterbringen kann und dem, was gut für die Angestellten wäre.

»Menschen, die zwischen den Stühlen sitzen, fühlen sich oft für Ergebnisse geliebt und nicht aufgrund ihrer Persönlichkeit. Ich glaube«, hatte Ben in der Gruppensitzung gesagt, »dass man auch dann geliebt wird, wenn man etwas Ungutes vermitteln muss. Voraussetzung ist, dass man authentisch bleibt, die Zwickmühle offen formuliert und sich mit der Welt und den anderen verbunden fühlt. Wir müssen manchmal etwas Unangenehmes entscheiden, auch wenn wir das nicht wollen. Zuweilen sind davon Menschen betroffen. Und manchmal müssen wir auch für uns etwas entscheiden, das andere betrifft oder für sie nicht passt. Auf die Zusammenhänge kommt es an, nicht auf die einzelne Entscheidung.«

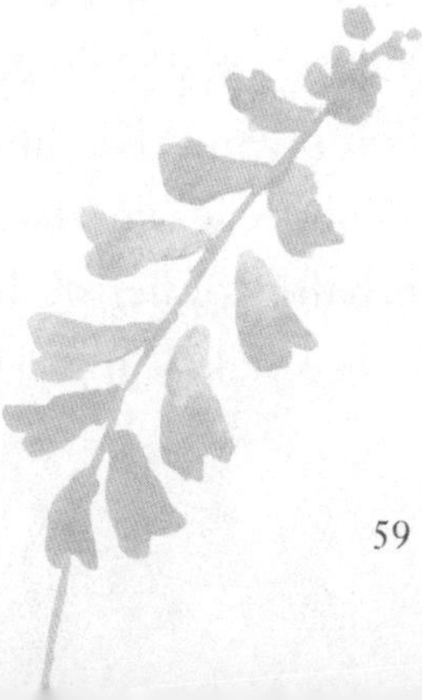

Während ich noch über die Zusammenhänge nachgrüble, kommt mir Jochen in den Sinn. Wochenenden waren uns immer heilig, dann bekam ich das neue Projekt. Für mich war klar, dass ich über eine längere Zeit am Wochenende nacharbeiten muss. Für Jochen nicht. Er wollte Zeit mit mir verbringen. Ich bin seine Priorität. Aber er nicht die meine. Ganz im Gegenteil, ich ging davon aus, dass er mir den Erfolg missgönnt und fragte mich, was er eigentlich für eine Arbeitshaltung hat, dass er am Wochenende nie etwas tut. Sehr oft ist er ein »zu«. Zu zurückhaltend, zu nachdenklich, zu überlegt, zu verkrampft. Es gibt viele »Zus«, die mir bei Jochen einfallen. Irgendwo haben wir das Verständnis für den anderen verloren. Ganz fest nehme ich mir vor, über die Gründe dafür mit ihm zu sprechen – seine und auch meine. Überhaupt sollten wir mehr miteinander sprechen, wenn wir es tun, rede die meiste Zeit ich. Ist Jochen nur zurückhaltend oder bin ich einfach zu laut? Stelle ich ihm zu wenig Fragen?

»Heirate nicht nur den Menschen, den du liebst, sondern liebe auch den Menschen, den du geheiratet hast«, habe ich erst neulich in einer Kirche gelesen. Wenn ich tief in mich hineinhorche, wünsche ich mir, Jochen wirklich und wahrhaftig zu lieben. Ich weiß, dass wir uns guttun, wir haben viele Klippen gemeinsam umschifft und viele Berge zusammen erklommen. Und können das auch in der Zukunft schaffen. Aber tun will ich dafür nichts, weil ich schon im Job viel zu viel zu tun und zu überlegen habe. Zwischen uns soll es einfach *funktionieren*. Ganz einfach! Eben die Liebe, die vom Himmel fällt.

»Alles bist du«, hatte Ben heute die Gruppensitzung beendet. »Du bist diejenige, die es sich zuschreiben muss, wenn deine Gefühle oberflächlich bleiben. Du bist derjenige, der sein Leben gestaltet. Niemand hat dich oder deine Umgebung verhext. Wenn du das erkennst, kannst du etwas verändern und für dich tun. Das ist Selbstverantwortung.

Übernimm die Verantwortung für deine Gedanken, dein Handeln, deine Gefühle, dein Tun. Wenn du verärgert bist, etwas nicht willst, dann frage dich, *wofür* diese Gefühle gut sind, die dich gerade beherrschen. Vielleicht wollen sie dich anspornen, vielleicht schützen. Frage dich dann auch, ob es nicht einen harmonischeren Weg gibt. Du kannst jedes Ziel auf unterschiedlichen Wegen erreichen.«

Ob Gudrun das Gefühl nicht rund zu laufen auch kennt? Sie scheint von uns allen die meiste Lebenserfahrung zu haben. Sie erinnert mich mit ihrem Fächer ein wenig an eine Diva, eine Frau, die alles schon irgendwann einmal irgendwo erlebt hat. Auf jeden Fall ist sie nicht so verbittert wie du, stelle ich fest. Wenn diese Tage hier zu etwas nutze sind, dann zumindest dafür, dass mir klar wird, wie streng ich mir gegenüber immer wieder bin.

»Wenn man mitbekommt, was man denkt und wie man sich selbst vom Leben abhält, dann ist der erste Schritt getan!« Die erste Bewegung weg vom Perfektionismus, hat Ben uns gelehrt, ist die, den Perfektionismus einfach Perfektionismus sein zu lassen. Wenn ich denke, dann kann ich nicht sein, formuliere ich seinen Satz für mich um. Ergibt das Sinn? Wenn ich bin, dann muss ich mich nicht mehr mit der Frau vergleichen, von der ich annehme, dass ich sie sein müsste. Dann entsteht auf einmal ein bedingungsloser Raum, der mir Platz gibt. Mir und meiner Persönlichkeit. Um in Bens Jargon zu bleiben: Man wird dann zu seinem eigenen Projekt. Nichts mehr ist richtig oder falsch, sondern etwas ist sinnvoller, bringt mehr Erfolg oder ist weniger sinnvoll und bringt weniger Erfolg. Das fühlt sich gut an.

Wie aus dem Nichts werde ich durch ein leises Kratzen an der Tür aus meinen Gedanken gerissen.

Es ist kurz nach Mitternacht. Wer will mich denn jetzt besuchen? Vorsichtig drücke ich die Klinke nach unten und öffne die Tür einen Spalt. Niemand da. Als mein Blick sich senkt, sehe ich gleich hinter der Schwelle die Katze, die mich am ersten Tag begrüßt hat, sitzen. Sie lädt mich mit ihren großen Augen zum Schmusen ein. Schon reibt sie sich an meinen Beinen und beginnt zu schnurren. Ihr Fell ist seidig und weich.

»Wer hat dich denn geschickt?«, frage ich sie leise, nehme neben ihr auf den Boden Platz und kraule ihr den Nacken und die Ohren. Ich bin ganz eingehüllt in das Schnurren und den Duft der Holzdielen. Sie sind weich und glatt und riechen nach Orangenöl. Bei meiner Ankunft fand ich sie nur einfach braun und hart. Wieso bemerke ich erst jetzt, dass sie so gut riechen und wie kommt es, dass die Katze schnurrt und schnurrt und ich mich dabei fühle, als wären wir eins, das Tier, die Dielen, der Duft und ich?

Es fühlt sich so neu und ungewohnt an, ganz in einer Situation zu sein. Ich bin nicht mehr nur Beobachterin und damit getrennt, sondern wir bilden eine Welle, einen gemeinsamen Klang. So ist es also, wenn man sich verbunden fühlt, und ich selbst bin es, die diese wunderbare Atmosphäre geschaffen hat.

Das geschieht also, stelle ich beglückt fest, wenn ich mich in eine Situation hineinbegebe und mein Herz sich einem anderen Lebewesen öffnet. Wenn ich so tue, als existiere ein Seil, das ich von meinem Herzen zu einem anderen Herzen schwinge. Ich verbinde mich.

Mit der schnurrenden Katze im Arm setze ich mich an den Tisch. Sie windet sich, reckt sich, wird ganz lang und verhakt sich mit ihren Krallen in der Tischdecke, die nachgibt und mitsamt all den Dingen, die auf ihr liegen, zu Boden rutscht. Zu meinen Füßen landet auch eine Postkarte, die ich an Jochen schicken wollte. Sollte ich versuchen, mich mit dieser Postkarte zu verbinden? So, wie es mir mit der Katze und dem Holzboden gelungen ist? Was würde sich dadurch verändern?

»Es wird Liebe«, schreibe ich auf den Platz der Karte, wo ich eigentlich vom Wetter berichten wollte.

Es wird Liebe, freue ich mich still.

Love is all around, summe ich leise, während ich alles wieder aufräume, die Katze kraule, die Orangen rieche, Jochen liebevolle Gedanken schicke und auch an all die anderen Menschen denke, die ich mag.

Ich habe noch keine Minute meditiert. Es gab keinen Yogakurs und niemand klärte mich über die Stresskugel auf, die unser Leben bestimmt und durch die Stunden des Tages rollt. Und dennoch merke ich, dass sich etwas zu verändern beginnt. Ich kann von anderen Menschen lernen und mir selbst etwas geben. Und ich habe mich entschieden, in diesem Moment einer Katze mehr Bedeutung zu schenken als einem beruflichen Auftrag oder irgendetwas anderem. Wenn ich die Katze so wertschätze und jetzt schon liebe, wie wird es erst sein, wenn ich mir selbst ganz nahe bin?

Missverständnisse

Du siehst müde aus«, begrüßt mich Sarah, als ich mich am Nachmittag zu ihr geselle. Der Empfangsbereich ist voller Menschen. Neue Gäste, Frischlinge, stehen dort etwas orientierungslos herum, Viola läuft mit Zimmerschlüsseln und Notizblock durch die Halle. Der Nachmittagskaffee erscheint mir etwas dünner als sonst, ich fühle mich schlapp und irgendwie nicht bei mir. Trotz bester Vorsätze ist es mir nicht gelungen, meine guten Gefühle von letzter Nacht über den Tag zu retten. Ich habe Sehnsucht nach Jochen, dieses Gefühl hatte ich schon lang nicht mehr. Vor allen Dingen fühle ich aber Angst.

Angst, im Job am Ende doch zu versagen. Noch vor wenigen Tagen wären mir diese Gedanken nicht im Traum gekommen. Was ich jetzt brauche, ist das mutige Mädchen in mir, das ich so gut kenne. Doch ich finde keinen Zugang zu der heilenden Kraft in mir. Wenn man so will, bin ich schlechter aus der Mittagspause herausgekommen, als ich hineingegangen war.

»Hast du davon geträumt, dass du verlängern musst?«, empfängt mich Gudrun. Sie sitzt in einem der Korbsessel und genießt ihren Tee. Der ganze Trubel um sie herum scheint sie nicht zu stören. Immer mal wieder nickt sie einem der Anreisenden zu oder heißt einen der neuen Gäste mit einem Lächeln willkommen. So viel Munterkeit ist für mich unerträglich, wenn ich mich selbst nicht leiden kann.

»Und wenn? Ist doch optimal hier. Der Tee ist zum Beispiel ganz abwechslungsreich, wenn man mal davon absieht, dass es jeden Tag den gleichen gibt.«

»Wie machst du das?«, beugt sich Gudrun neugierig zu mir herüber und wedelt mir mit ihrem Fächer etwas frische Luft zu.

»Was?«

»Das immer Gleiche als neu zu empfinden?«

Das hatte ich nicht gesagt und nicht gemeint. Meine Ironie hat sich ihr offenbar nicht vermittelt.

»Ich versuche in jeder Situation einen kleinen Aspekt zu finden, der mir gefällt. Hat man diese positive Kleinigkeit, wird der Rest einfacher.« Das kommt von Sarah. Offenbar hat auch sie mich nicht verstanden oder einfach überhört. Noch ehe ich mich versehe, befinden sich Sarah und Gudrun in einem lebhaften Austausch, wie man sich das Leben abwechslungsreich gestalten kann, auch wenn es zuweilen öde ist. Beide tun so, als wären sie niemals schlecht gelaunt.

»Seit ich weiß, dass es darauf ankommt, wie ich etwas betrachte, bewerte oder annehme, geht es mir viel besser«, wendet sich Sarah Gudrun zu. »Es ist wie eine Zeitenwende. Ich kann wirklich, wirklich etwas gestalten. Also wenn ich hier sitze und mich langweile, dann frage ich mich, was an der Langeweile schön sein könnte, und schon fallen mir Dinge ein, die mir vorher nicht in den Sinn gekommen sind.«

»Zum Beispiel?«, will Gudrun es genauer wissen.

»Na ja, dass ich mich besser beobachten kann, weil ich ja gerade nichts zu tun habe. Oder besser riechen kann, weil meine Gedanken bei mir und nicht woanders sind. Ich empfinde auch mehr, wenn ich gar nichts tue.« Sarah lacht. »Ich glaube, ich bin mir gerade ziemlich auf der Spur. Das ist super. Meine Tage hier haben sich schon voll gelohnt, trotz oder gerade weil es auch manchmal ein bisschen langweilig ist. Wenn ich so fühle, dann wird auch alles andere leichter. Dann geht …«

»Bist du eigentlich wirklich so zufrieden oder spielst du das dir und uns nur vor?«, stichle ich Sarah eine Spur zu provokant. Gudruns Fächerbewegungen werden plötzlich sehr energisch.

»Schaut mich nicht so an.« Als würde meine Frage rein selbsttherapeutischen Gründen dienen, füge ich noch hinzu: »Es interessiert mich wirklich. Seid ihr wirklich und echt so erfüllt oder muss das jetzt nur so sein, weil ihr meint, es gehöre zum Programm?«

Gudrun sagt kein Wort, aber ich kann ihre Gedanken lesen und fühle mich bescheuert. Warum in aller Welt breche ich diese Diskussion vom Zaun?

»Kannst du dir eigentlich erlauben, mal nicht so biestig, sondern zufrieden oder gar glücklich zu sein?«, fordert mich Sarah mit einer ebenso spitzen Gegenfrage heraus.

Ich könnte jetzt weiterdiskutieren, aber ich tue es nicht. Das ist ein junger Mensch, denke ich mir, lass sie doch in Ruhe. Was musst du dich an diesem Mädchen reiben?

»Tja«, Gudrun setzt ihre Tasse ab. »Gutes Thema, wenn man mal großzügig die Umstände zur Seite schiebt. Wie macht man sich selbst glücklich?«

»Lady Buddha hilft uns dabei, den richtigen Weg zu finden. Es ist alles da, wir müssen uns nur davon bedienen und in diese besondere Schwingung gehen. Lady Buddha ist der Sonnenstrahl, der uns streichelt, ein Ton in uns, der leise klingt.« Sarah nickt in Richtung Rezeption und macht uns auf eine Frau aufmerksam, die offenbar im Begriff ist, sich zu verabschieden. Ich hatte sie die letzten beiden Tage schon bemerkt. Jetzt sieht sie von innen heraus schön aus, sie glänzt, strahlt, scheint erfüllt, beglückt und irgendwie bei sich angekommen.

»Sie war in dem Tempel«, murmelt Sarah leise vor sich hin. »Sie war bei Lady Buddha. Vielleicht hat sie so etwas wie einen Segen erhalten.«

»Fragen wir sie doch«, will ich schon losstürmen. Ich habe langsam genug von diesem mysteriösen Lady-Buddha-Getue.

»Sie wird nichts sagen«, hält mich Sarah zurück. »Niemand sagt etwas. Jeder bewahrt das Geheimnis des Tempels. Ich habe es schon versucht. Auch Gudrun behält alles für sich.«

»Genau«, stimmt diese zu und zieht mit der Hand einen imaginären Reißverschluss vor ihrem Mund zu.

»Ach und sehen wir diese heilige Höhle auch noch oder muss man schon vorher erleuchtet sein? Ich frage mich, wieso man uns so lange auf die Folter spannt. Sicherlich würden die meisten ihre Auszeit viel schneller genießen, bekämen sie Lady Buddha früher zu Gesicht. Aber …«, ich nehme mir einen der trockenen Kekse und lasse ihn missmutig wie eine Hostie vor meinen Augen kreisen, »… das ganze Getue gehört zur Gehirnwäsche wohl dazu.«

»Es gibt keinen besonderen Augenblick, hast du das noch nicht kapiert?«, fragt mich Sarah ungläubig. »Ich glaube, es ist ein Prozess, zu dem man ja sagen muss, und wir befinden uns alle mittendrin. Sobald man so weit ist, erhält man einen Umschlag und dann darf man den Tempel betreten.«

»Hört, hört«, blocke ich ab. Das ist es, was das Fass zum Überlaufen bringt. Sarah schiebt ihren Stuhl abrupt zurück. »Warum bist du eigentlich hier? Und: Was hat dich zu dieser bitteren alten Frau gemacht?«, wirft sie mir entgegen. Ehe ich etwas erwidern kann, verabschiedet sie sich mit einem kühlen: »Tschüss« aus unserer kleinen Runde.

Das hat gesessen, mein blödes kindisches Verhalten tut mir leid. Ich bedaure, dass Sarah weg ist, denn gerne hätte ich noch mehr über diesen mysteriösen Umschlag erfahren.

»Ganz schön verletzend«, kommentiert Gudrun. »Aber«, sie faltet ihre Serviette zusammen, »um das zu erkennen, muss man freilich erst einmal den eigenen verletzlichen Teil in sich entdecken.« Sie schaut mich an. »Und achten und ehren und fühlen. Ich glaube, du bist einfach noch nicht so weit.«

»Ich sehe doch, dass sie zart ist«, wehre ich mich und tue so, als wäre ich ganz selbstbewusst.

»Hanna, ich spreche von fühlen und nicht von sehen. Es geht nicht darum, ob Sarah für dich ein offenes Buch ist, sondern darum, ob du selbst es für dich bist.« Sie steht auf und packt ihre Sachen zusammen. »Bis morgen! Ich beabsichtige, den Rest des Tages im Wald zu verbringen.«

Ordnung

Gudrun hat mich im tiefsten Innersten getroffen, ohne dass sie es vielleicht wollte. Ich ärgere mich darüber, dass sie mich so oberflächlich einschätzt, und weiß doch, ich habe ihr selbst den Boden dafür bereitet. Was auch immer mich dazu trieb, so zynisch und überheblich zu sein, es brachte weder mich noch die anderen weiter. Natürlich kann ich fühlen. Schließlich habe ich gerade erst sehr liebevoll an Jochen gedacht. Das ist der Beweis. Ich muss fühlen können! Niemand ist gerne mit jemandem zusammen, der nicht fühlt. Dass ich es nicht immer zeige, ist eine andere Sache. Und dass ich nicht allen ihre Gefühlsregungen abnehme, halte ich für realistisch und gesund. Man kann in aller Ruhe und ohne diesen Zinnober abreisen und muss nicht derart blöde vor

Glückseligkeit tun. Weil es diese nämlich gar nicht gibt. Das Glas ist nicht nur halb leer oder halb voll, sondern es fehlt tatsächlich auch ein Teil der Menge, die eigentlich in ein Glas gehört.

Tags darauf genieße ich die frische Luft im Garten, doch das laue Lüftchen schafft es nicht, die trüben Gedanken vollständig wegzupusten: Du bist nicht verbunden und deine Gedanken sind nicht wohlwollend. Okay, versuche ich es erneut. Wenn ich tatsächlich Liebe spüre, dann muss ich jetzt auch bereit sein, selbstkritisch darüber nachzudenken, wieso ich Sarah und Gudrun derart angefahren habe und was mich am Glück der anderen so stört. Ich hätte mich zusammenreißen sollen. In den Spiegel schauen, nennt das Ben. In sich hineinblicken, um zu verstehen, was einen antreibt.

»Aber«, höre ich seine Stimme auf einmal in meinem Rücken, »in den Spiegel schauen bedeutet auch, im anderen wahrzunehmen, was mich an mir selbst stört. Ich sehe im anderen, was ich nicht gerne bin.« Wieso können die Menschen hier Gedanken lesen? Unbemerkt ist Ben neben mich getreten.

»Und woher weißt du, was mir durch den Kopf geht?«

»Da braucht man keinen besonderen Blick«, nimmt er mich kameradschaftlich in den Arm. »Es steht auf deiner Stirn geschrieben, dass du gerade versuchst herauszufinden, was dich im Speisesaal gepiekst hat. Ich habe gestern euren kurzen Teeplausch mitbekommen und kann mir denken, dass du über dich selbst verwundert bist.«

»Nicht wundern, ärgern tue ich mich.«

»Na, dann versuche es doch mal anders herum: nicht ärgern, sondern wundern.«

Er drückt mich erneut sanft an sich und vermittelt mir ein Gefühl von Wohlbehagen. Normalerweise regen mich betuliche Männer auf, aber auf Bens Nähe lasse ich mich nur zu gerne ein.

»Wenn dich wundert, was dich zwickt, kommst du schneller zu Lösungen, als wenn du mit dir schimpfst. Merkwürdig, kannst du denken, dass mich das so übellaunig gemacht hat. Was wohl dahintersteckt?«

»Wundern?«

»Und wenn du schon in den Spiegel schaust, um eine Antwort zu finden, dann suche sie auch. Im Moment schaust du dich nur böse an, willst dich maßregeln, vielleicht sogar Strafen aussprechen. Der Blick in den Spiegel ist aber ein Erforschen von Welten, denn manchmal ärgert man sich über andere Menschen, weil sie etwas zeigen, was man an sich selbst nicht mag. Und manchmal«, er lächelt, »leben sie uns etwas vor, was wir auch gerne leben würden, uns aber aus verschiedenen Gründen nicht zugestehen. Wenn du dann das im anderen beobachtest, ärgert es dich und als Reaktion machst du dein Gegenüber klein. Wärst du auch gerne so erfüllt und gut gelaunt wie Martina, die heute abgereist ist?«

Ach, es geht gar nicht um Sarah?

Nein, wenn ich mich auf meine Ehrlichkeit, die echte, einlasse, dann war es auch nicht Sarah, die mich so auf die Palme gebracht hat, sondern diese Martina, die sich so glücklich und erfüllt verabschiedete. »Ich habe Angst, dass ich diesen unbeschwerten, sicheren Zustand nie erreichen werde, weil ich dafür nicht geschaffen bin.« Ich bin eben nicht wie meine Freundin Friederike und werde wohl auch nie

so sein. Ich bin einfach zu kopflastig, wie Jochen immer sagt, oder von Grund auf mürrisch und überheblich, wie ich es von meiner Mutter immer höre und mir selbst immer wieder beweise. »Diese innere Zufriedenheit ist für mich wie ein Geschenk, das unterm Weihnachtsbaum auf jemand anderen wartet. Ich darf nur zuschauen, wie mein sehnlichster Wunsch ausgepackt wird – berühren verboten. Du hast recht, ich wäre auch gerne wie Martina – und sei es nur einen Moment lang – so grundlos glücklich, mit einer Prise von Urvertrauen.«

»Das ist im Grunde der Schlüssel«, nickt Ben mir aufmunternd zu. »Auch du kannst diesen Zustand erleben und der erste Schritt dahin ist, zu erkennen, dass dich im anderen nur das stört, was du an Gutem suchst oder an Schlechtem selbst hast. Dann kannst du dich auf den Weg machen, es zu finden oder eine Verhaltensweise aufzugeben, die keinen Segen in sich trägt. Die Hawaiianer haben dafür ein traditionelles Ritual. Sie nennen es: Ho'oponopono.«

Ja, ich habe davon gelesen. Auf Hawaii bringt man durch diese Formel im zwischenmenschlichen Bereich wieder etwas in Ordnung. Man erkennt, vergibt, übernimmt Verantwortung, verwandelt. Ich hatte das Ritual, etwas abgewandelt, in einem Buch gefunden:

»Thank you
Forgive me
I Love you
Goodbye«

Ich schließe die Augen, spüre in mich hinein und fokussiere meine Gedanken:

»Danke Martina, dass du mich darauf aufmerksam gemacht hast, dass ich auch gerne so erfüllt wäre wie du.

Vergib mir, dass ich so gereizt damit umging.

Ich liebe und schätze dich.

Nun, da ich es erkannt habe, kann ich mich wieder von dir und meinem Ärger lösen.«

»That's it!«, meint auch Ben und streckt wie ein Fußballtrainer seinen gestreckten Daumen nach oben. »Dann kann es jetzt ja weitergehen. Du wirst deine eigene Erfüllung finden. Nichts anderes als Selbstliebe braucht es dafür. Selbstliebe und die Fähigkeit, sich ein bisschen zu wundern. Sei einfach da«, sagt er, steht auf, zieht mich an der Hand hinter sich her, geht ins Gartenhäuschen und drückt mir einen Rechen in die Hand. Mit seinem Kinn zeigt er zur Wiese und ich schlurfe ihm nach. »Gartenarbeit ist dabei super hilfreich!«

Überall liegen Blätter, die der Winterwind nicht weggetragen hat, auf der Erde. Eine Libelle fühlt sich durch uns gestört und surrt fast lautlos dem blauen Himmel entgegen. Vom Teich höre ich Frösche quaken und ein Fisch springt hoch und schnappt sich luftleicht eine Fliege. Ich stütze mich auf den Rechen.

»Ach ja, alles ist so vergänglich«, kommentiere ich die Szene. »Alles.« Nebenbei beginne ich das Laub zusammenzurechen. Gartenarbeit zählt ja nicht zu meinen favorisierten Tätigkeiten – was Meister Ben natürlich nicht entgeht.

»Kann es sein, dass du nicht ganz bei der Sache bist?«, fragt er, ohne innezuhalten oder mich anzusehen. Ich höre das gleichmäßige Geräusch seines Rechens, wie er über den Boden kratzt und die Blätter aufwirbelt. »Wenn du Geschirr abspülst, dann spüle Geschirr. Wenn du Laub zusammenkehrst, so kehre das Laub zusammen. Wenn du liebst, dann liebe. Wenn du Fragen hast, dann nimm dir dafür Zeit und suche ein Gespräch.«

»Ich kann mehrere Dinge gleichzeitig tun«, lenke ich ein wenig ab. »Du weißt schon, Frauen können das.«

»Und deswegen jagst du heute noch allem hinterher?« Er hat damit begonnen, die trockenen Blätter, die ich gerade zusammengerecht habe, in einen Eimer zu schaufeln. »Du klingst nicht nach Arbeitsbiene, sondern eher nach einer Frau, die nicht satt geworden ist. Würde mich nicht wundern, wenn du auch in der Liebe immer auf der Suche bist.«

»Ich bin gebunden und das seit vielen Jahren«, wehre ich mich empört.

»Das hat nichts zu sagen«, meint Ben, und setzt sich ins Gras. Er klopft mit der flachen Hand neben sich.

»Ich kam, ähnlich wie du, einst hierher, weil ich gehört hatte, dass es hier einen weiblichen Buddha geben soll. Das hat mich angezogen. Ich hatte genug von all den männlichen Gottheiten. Etwas Warmes, Weiches wünschte ich mir. Jemand, der mich, ähnlich wie Mutter Maria, ansieht, annimmt und versteht. Erst half ich ehrenamtlich mit und irgendwann stieg ich bei den Seminaren ein. Es hat mir gutgetan, ich fühle mich beschenkt von Liebe und all dem Wohlwollen, das mir als Kind so fehlte. Dass es so viel bedingungslose Liebe gibt, hätte ich nie erwartet.«

»Das ist es, was ich will«, stimme ich zu und frage mich besorgt, wann ich die Gottheit endlich sehen kann.

»Ich möchte auch mütterliche Liebe spüren, endlich innerlich zur Ruhe kommen und mich durch das Antlitz von Lady Buddha versöhnen.« Dass ich noch ein »auch mit mir« anhänge, kann Ben nicht hören, denn ich habe es geflüstert.

»Schau in den Spiegel und versöhne dich, weil dein Antlitz auf dich blickt. Du bist die Mutter, die du suchst! Es ist das Wertvollste, was einem geschehen kann, wenn man sich eines Tages ansieht und die Schönheit und Weisheit im eigenen Blick entdeckt. Wenn man beginnt, sich wirklich zu sehen. Wenn der eigene Blick Achtung und Vertrauen sendet – Selbstvertrauen.« Ben legt sich zurück und schaut in den Himmel. Ich tue es ihm nach und verfolge die Wolkenbilder, die sich uns zeigen. Weiche, weiße Wolken, wie Sahnehauben auf einem blauen Teich.

»Du wirst in den Tempel kommen«, höre ich Ben leise versprechen, »und du wirst Lady Buddha sehen und dann«, er stupst mich freundlich von der Seite an, »wenn du sie erkannt hast, wird sie dich nie wieder verlassen, solange du sie nicht verlässt.«

»Wie meinst du das?«, hake ich nach.

»Irgendwann wirst du darüber nicht mehr nachdenken müssen«, orakelt er, blickt auf die Uhr und bedeutet mir, dass er nun gehen muss.

»Küchendienst. Ihr wollt doch heute einen leckeren Salat essen, oder?« Ich nicke. »Der muss geputzt werden. Willst du mir dabei helfen?«

Es braucht nicht viel Einfühlungsvermögen, um die Antwort in meinem Blick zu lesen.

»Schon verstanden, Liebes, dann meditiere ich allein über Fenchel und Wurzelgemüse. Wenn ich Gemüse putze, putze ich Gemüse. Und wenn ich den Salat abschmecke, dann esse ich die besten Blätter zuerst.«

Mit diesen Worten steht er auf, winkt mir zu, zieht eine lustige Grimasse und macht sich auf den Weg.

Und wenn das jetzt eine Prüfung war?, überlege ich schuldbewusst und knabbere an meinen Fingernägeln. Vielleicht war dass ein Stufentest zu Lady Buddha und ich habe ihn nicht bestanden. Erste Stufe: nicht aufmerksam im Garten geholfen. Zweite Stufe: Küchendienst verweigert. Somit für die dritte Stufe – Lady Buddha – nicht geeignet. Hektisch sehe ich mich nach Ben um und überlege sogar kurz, ihm hinterherzurennen. Warum habe ich mich geweigert, bei der Küchenarbeit zu helfen? Dies hier ist ein spiritueller Ort, ich hätte hilfsbereit sein müssen. Lady Buddha würde mit dem Kopf schütteln, hätte sie das mitbekommen. Unter Neonlicht betrachtet benehme ich mich ständig daneben.

Durch meinen Gedankenschleier nehme ich Sarah wahr, wie sie, scheinbar ziellos umherschlendernd, in meine Richtung läuft. Versunken sinniert sie vor sich hin. Wieder ist sie eingemummt, als würde ein Schneesturm heraufziehen.

»Ich wollte dich gestern nicht verletzen. Entschuldigung«, ergreife ich die Gelegenheit beim Schopf. Verdutzt hält Sarah inne und sieht mich an. »Es tut mir leid«, beginne ich von vorn. »Aber weißt du, dein Verhalten nervt mich manchmal. Vor allem finde ich deine Mütze blöd. Und den Schal auch. Ich meine …« Ich sehe es. Natürlich sehe ich es. Von einem Schlamassel navigiere ich mich geradewegs in den nächsten. »Also was ich sagen will ist, dass ich auch nur ein Mensch bin und dass ich nicht nur andere Menschen nerve, sondern sie mich auch.«

»Weißt du was?«, ihr Gesicht zeigt keinerlei Gefühlsregung. »Ich würde gerne wissen, wie du mit zehn Jahren warst. Hast du auch mal geweint? Warst du schon immer so überheblich? Hattest du nie eine Mütze auf dem Kopf und einen Schal um den Hals, weil die Welt einfach furchtbar kalt ist und das einem Angst einflößt, ganz besonders deswegen, weil man sowieso schon wie im Nebel steht und einfach nicht sieht, ob hinter dem Nebel noch irgendetwas kommt?«

»Es ist so …«, ich stehe auf und mache einen Schritt auf sie zu, um auf ihre Gedanken einzugehen, aber Sarah lässt das nicht zu.

»Stopp!«

Mit einer abblockenden Handbewegung hält sie mich auf Abstand.

»Auch wenn mich deine Antwort interessiert, interessiert sie mich doch nicht so sehr, als sie dich selbst interessieren sollte.«

Etwas ruckelt sich in mir zusammen. Zwei Puzzleteile fügen sich: Nicht im Außen, sondern im Innen agieren!

»Thank you
I love you
Forgive me
Goodbye«

»Danke«, nicke ich und sehe, wie sich Sarahs Blick durch dieses kleine Wort verändert. Ganz weich wird er und bietet mir plötzlich an, die Trennung zwischen uns aufzuheben und damit zu beenden.

»Schon gut. Ich bin manchmal auch ungnädig, weil mich andere an mich erinnern. Irgendwann werde ich mir so nah sein, dass ich mich selbst wärmen kann – dann brauche ich auch keinen Schal mehr.«

Wir lächeln uns an. Mehr braucht es nicht in diesem Augenblick. Wir wissen beide, dass es immer mal wieder geschehen kann, dass wir uns ineinander verhaken. Es passiert. Wir sind Menschen. Wir versuchen Gemeinsamkeiten zu finden, sind verschieden und manchmal haben wir mit uns allein schon genug zu tun.

Als ich Sarah am Abend im Speisesaal treffe, sitzt ihre Mütze wieder tief im Gesicht. Ich verstehe das

Signal, lasse sie in Ruhe und belege mein Brot. Auf Salat verzichte ich schuldbewusst. Meine Augen suchen nach Ben, aber er scheint wohl noch immer in der Küche zu sein. Vorhin habe ich mich ganz eindeutig disqualifiziert, hoffentlich sieht er es mir nach. Dass Gudrun anrauscht, übersehe ich gedankenverloren. Allerdings entgeht ihr wiederum nicht, dass mich etwas beschäftigt.

»Kein Salat?«, überblickt sie meinen Teller. »Du bist doch sonst immer ganz wild darauf.«

Mit stockender Stimme erzähle ich ihr, warum ich heute keinen Salat verdiene.

»Das ist doch Blödsinn«, mummelt es unter der Mütze hervor. Sarah reicht mir ein Gummibällchen herüber. »Da, nimm und knete ein wenig darauf herum, damit du wieder in der Gegenwart ankommst. Das mache ich auch immer.«

»Genau«, nickt Gudrun übertrieben. »So ein Bällchen ist sehr hilfreich. Ich stopfe es mir beispielsweise immer in den Mund, wenn ich einen Termin beim Zahnarzt habe. Aber mal im Ernst, Schätzchen«, wendet sich Gudrun an mich, greift sanft unter mein Kinn und zieht mein Gesicht zu sich. »Wer war denn so hart mit dir, dass du mit dir jetzt so hart sein musst? Wer hat dir denn nicht erlaubt, Launen zu haben, faul zu sein und deinen Spaß zu haben? Glaubst du wirklich, eine Mutter, die ganz für uns da ist, wie Lady Buddha, würde dir die Liebe entziehen, nur weil du dich nicht um eine Aufgabe kümmerst, die genau betrachtet nicht mal deine Aufgabe ist?«

Ich reagiere verdutzt. Fürsorge war das Letzte, was ich jetzt erwartet hätte.

»Denk drüber nach«, flüstert sie mir zu. »Und jetzt hol dir etwas von dem Salat. Er schmeckt heute besonders köstlich.«

Morgenstern

Am frühen Morgen zwitschern mich die Vögel aus den Federn. Laut, munter und vergnügt spielen sie ihr Frage- und Antwortspiel. Gut gelaunt versuche ich es den Vögeln gleichzutun und summe ein bisschen mit, obwohl mein Wecker mir anzeigt, dass es noch nicht einmal fünf Uhr ist. Als kleines Mädchen kannte ich diese Tage, die nicht früh genug beginnen konnten, gut. Und so meldet sich kindliche Abenteuerlust: Raus aus dem Bett und die Welt erkunden.

Leise ziehe ich den Morgenmantel über und öffne die Tür. Im Flur ist es noch sehr dämmrig. Ein freudiges Kribbeln ereilt mich. Mal sehen, was die Welt da draußen Spannendes zu bieten hat. Nur erwischen sollte mich keiner. Die Füße tasten sich in ihren Segeltuchschuhen leise voran. Aus einem der angrenzenden Zimmer höre ich ein lautes Schnarchen, ansonsten nichts als Ruhe auf dem Gang und wie mir scheint im ganzen Haus. Von unten, aus den Büros, ist kein Mucks zu hören. Auch die Küchenfrauen haben noch nicht mit ihrem Tagwerk begonnen. Huch! – um ein Haar hätte ich kleinmädchenhaft zu kreischen begonnen –, aber es ist nur die Katze, die, wie ich, die Umgebung erkundet und meinen Weg kreuzt.

»Na?«, wispere ich ihr zu. »Was rätst du mir? Wo ist es interessant? Was würdest du mir empfehlen?« Als wolle sie mir tatsächlich antworten, maunzt sie leise und scheint mit ihrem Schwanz in eine Richtung zu deuten. Schemenhaft entdecke ich dort eine kleine Treppe. Das Seminarhaus hat mehrere Türmchen. Eine hübsche Zierde, dachte ich, aber nun scheint dieser Weg zu einem der Türme zu führen. Ich verabschiede mich von der Katze und schleiche weiter. Am Fuß der Stiege liegen verstreut Blütenblätter, ich fühle mich wie Gretel, nur ohne Hänsel und hoffentlich auch ohne den Ofen. Als wäre alles nur für mich bereitet, umschließt mich das schöne Gefühl, auf dem goldrichtigen Weg zu sein. Das Haus wollte mich in diesen besonderen Winkel locken. Vielleicht finde ich eine alte Bibliothek oder die Hauskapelle? Vielleicht finde ich aber auch den besagten Tempel! Mein Herz schlägt schneller. Als ich meinen Fuß auf die erste Stufe setze, knarzt das Holz kurz, meine Finger am Handlauf spüren kleine Rillen und Risse, die die Zeit dort hinterlassen hat. Oben angekommen, stehe ich vor einer schmalen, alten Holztür. Einen Moment zögere ich.

Ob es wohl erlaubt ist einzutreten? Kein anderes Zimmer in diesem Haus hat eine Eichentür. Es muss also ein ganz besonderer Ort sein. Noch kann ich zurückgehen, so tun, als wäre ich nie hier gewesen. Aber dafür bin ich viel zu neugierig. Mutig drücke ich die Klinke. Verschlossen. Jetzt bin ich mir absolut sicher, ich habe den Tempel entdeckt.

Noch bevor ich den Gedanken zu Ende denken kann, höre ich von unten Geräusche. Das Klappern von Tellern und der Klang von Stimmen verraten mir, dass der Tag beginnt. Rückzug ist angesagt.

Abendstern

Als am späten Abend die Geräusche auf den Fluren leiser und leiser geworden und schließlich verstummt sind, schleiche ich mich wieder aus meinem Zimmer. Ich bin sicher, den Tempel tatsächlich gefunden zu haben und sehne ich mich umso mehr danach, der Lady endlich zu begegnen.

Mit ein bisschen Glück – und davon sollte es an diesem Ort ja genug geben – ist die Türe nicht verschlossen, oder aber ich finde jemanden, der mich nach seinem Besuch mit einem komplizenhaften Nicken in den Raum schlüpfen lässt, bevor die Tür wieder schließt. Lady Buddha wird mich mit freundlichen Augen und einem strahlenden Lächeln begrüßen und einladen, mich zu ihr zu setzen.

In einer dunklen Nische steht versteckt ein kleiner Hocker, dort nehme ich Platz und warte. Immer mal wieder stehe ich auf und versuche vergeblich, die Tempeltüre zu öffnen. Lange passiert nichts. Niemand kommt und niemand geht. Irgendwann bin ich so müde, das ich aufgeben muss – mein Bett ruft. Als ich aufstehe, entdecke ich ein Stück Papier neben meinem Hocker. Das wird doch nicht etwa … Nein, es ist ein Zettel, auf dem eine dieser Affirmationen, die im ganzen Haus zu finden sind, gedruckt steht: »Der Weg der Vergebung geht durch dein Herz«.

Am darauffolgenden Abend sitze ich wieder in meiner Nische – vorsorglich habe ich einen langen Mittagsschlaf gehalten –, wieder geschieht lange nichts, aber heute weiß ich, dass etwas passieren wird. Da höre ich plötzlich ein Geräusch und erstarre in meiner Nische. Es ist Max.

Immer wieder haben wir in den Gruppensitzungen über seine Situation gesprochen. Seine Frau war von Zuhause ausgezogen, um nachzudenken und um ihn zum Nachdenken zu bringen.

»Darüber nachdenken«, hatte er uns in seine Gedanken eingeweiht, »das klingt für mich nach einer ziemlichen Aufgabe, denn eigentlich weiß ich gar nicht, wo ich anfangen soll. Sie sagt, ich wäre nie wirklich da.«

Uns allen war das aufgefallen. Irgendwie war Max immer mehr in sich drinnen als draußen bei uns.

Nachdenken, wenn man sich unsicher fühlt, grübeln, die richtige Entscheidung ergründen, den wahrhaftigen Weg suchen – all das kenne ich und so hatte ich den folgenden Empfehlungen mit doppelter Aufmerksamkeit gelauscht.

»Nimmst du dich denn selbst an?«, hatte Mechthild ihn gefragt.

Blöde Frage. Wie soll das denn gehen, wenn der andere gerade überlegt, für immer zu gehen?, schoss es mir durch den Kopf und so sprang ich Max zur Seite.

»Ich verstehe dich. Wenn es einem schon nicht gut geht – und uns geht es ja allen nicht gut, sonst wären wir nicht hier – dann haut es das Selbstbewusstsein doch komplett aus der Kurve, wenn auf einmal das Damoklesschwert über einem hängt. Was soll man da anderes tun, als sich zurückziehen und an sich zu zweifeln?«

Ich hatte erwartet, dass Max mir verständnisvoll und dankbar zunickte, aber stattdessen beobachtete er mich lange und still, um sich dann den anderen zuzuwenden. »Das Damoklesschwert war eigentlich gut«, fing er an zu sprechen und mir blieb fast die Spucke weg. »Wie sonst hätte ich gelernt, mich und meine Gedanken wahrzunehmen? Und die waren vernichtend.«

»Ich glaube, was das angeht, seid ihr beide euch sehr ähnlich«, das kam nun von Gudrun und ehe ich mich versah, war die Aufmerksamkeit bei mir gelandet. »Auch du, Hanna, hast dich selbst vernichtet, nur weil du dich vor dem Salatputzen gedrückt hattest«, erklärte sie und weihte die ganze Gruppe in meinen Verweigerungskonflikt ein.

Prompt zog Ben die Augenbrauen hoch und blickte fragend in die Runde und einzig weil es mir zu peinlich war, winkte ich schnell ab. Was hat der Salat mit der Frau von Max zu tun?

»Bei genauer Betrachtung dieser beiden Beispiele, erkennt man deren Ähnlichkeit. Max und Hanna sind von der Angst dominiert, verlassen oder weggeschickt zu werden. Alle Ängste«, nickte Ben gleich, »basieren meist auf nur zwei Urängsten. Die Angst vor Verlust von Liebe und die Angst vor Verlust von Macht. Man kann es nachfühlen. Max, wie ist es bei dir? Macht oder Liebe?«

»Liebe«, hatte Max sofort erwiedert.

»Deine Frau wird dich schon nicht verlassen«, versuchte ich zu trösten.

»Es geht nicht um sie, es geht um mich«, grinste er mich an. »Ich möchte mich nicht verlassen.«

»Und was wirst du tun, damit deine Selbstliebe wächst?« Kluge Fragen dieser Art kamen immer von Ben.

»Versuchen, mehr davon zu finden, was ich als Talent und Stärke an mir sehe, und eher verzeihend auf das blicken, was noch nicht so gut klappt, wie ich es mir wünsche. Dann kommt meine Frau ins Spiel.«

Die magische Kraft des Noch-nicht war uns von Ben vorgestellt worden: »Jede Veränderung ist auf dem Weg, sobald wir mit ihr beginnen. Längst sind wir dabei, uns zu verwirklichen. Das Ziel ist vielleicht noch nicht erreicht, aber bei genauer Betrachtung kann man sicherlich erste Veränderungen feststellen. Darauf kann man dann seine nächsten Schritte aufbauen.«

Max war zunehmend zentrierter geworden. Er hatte oft mit Ben gesprochen und wenn wir zusammen in der Gruppe saßen, leuchteten seine Augen tief und beruhigend. Er war ein fröhlicher Mann geworden, lachte viel und steckte uns durch seine heitere, menschenfreundliche Art an. Eine völlige, totale Verwandlung hatte stattgefunden.

»Heute Nacht werde ich zu Lady Buddha gehen«, weihte er mich heute Morgen ein. »Ich bin so weit und ich bin gespannt, was sie mir sagen wird. Hanna«, lächelte er mich an, »ich habe eine Strecke hinter mir und ich weiß jetzt, dass Ankommen nicht bedeutet, andere Menschen zu treffen, etwas besser zu wissen oder einen Liebesbrief zu erhalten, sondern«, er hatte mit den Fingern der rechten Hand leise auf die Brust getrommelt, »es hat etwas hiermit zu tun. Sag mal Hanna, bist du auch bei dir zuhause?«

Heute ist es also für Max so weit, er darf in den Tempel und ich werde ihm dorthinein folgen.

»Hey Max«, tue ich jetzt so, als wäre ich zufällig mitten in der Nacht unterwegs. Ich hatte vermutet, dass er angespannt oder aufgeregt sein wird, aber Max ruht geradezu in sich.

»Ich habe hier viel gelernt, Hanna«, nimmt er mich in den Arm. »Noch ist einiges unsortiert, aber ich weiß, wenn ich weiter darüber nachdenke, dann werden sich mir viele Schätze auftun. Ich habe Zeit. Viel Zeit. Und wenn dann alles passt, wäre es wunderbar, euch alle hier wieder zu treffen und sich gemeinsam auszutauschen, wie es jeder geschafft hat, aufrecht zu gehen. Nun gehe ich aber erstmal dorthinein und danach fahre ich nach Hause. Ich verabschiede mich jetzt von dir. Mach es gut, Hanna, und hab dich lieb. Du hast es verdient. Nicht alles im Leben ist eine Prüfung. Schon gar nicht, wenn es grün ist und wie Salat aussieht.«

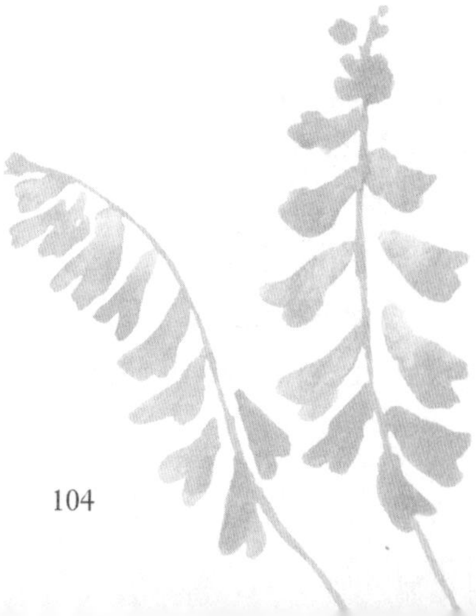

Wir lachen beide etwas bemüht, wie man das so tut, wenn man auseinandergeht.

»Genieß deine Zeit und fühl dich bei dir wohl!« Max drückt mich nochmal an sich, dann geht er in Richtung des Tempels. Ich winke ihm nach und tue so, als würde ich zurück in mein Zimmer gehen. Als ich aber höre, wie seine Schritte sich entfernen, die Tür geöffnet wird und wieder ins Schloss fällt, schleiche ich langsam zurück und setze mich in meine Nische. Da ich nun weiß, dass sie nicht verschlossen ist, ergibt sich vielleicht eine Möglichkeit, in den Tempel zu gelangen. Auf jeden Fall werde ich auf Max warten, damit ich ein bisschen mehr weiß, was dort so geschieht.

Zäh vergeht die Zeit, meine Gedanken schweifen umher, das Schneckenmädchen kriecht in meinen Sinn. Fühlen ... Sarah hatte mir das empfohlen. Ich solle mehr fühlen. Dabei stecke ich doch voller Gefühle. Warum merkt das hier nur niemand? Was blockiert meine Ausstrahlung so sehr, dass mein Herzschlag für das Außen nicht sichtbar ist? Das Wort Vergebung stand auf dem Zettel, den ich gestern hier gefunden habe. Wie, zermartere ich mir das Hirn, passt das alles nur zusammen?

Beinahe unbemerkt öffnet sich die Tür des Tempels und Max schreitet durch den hölzernen Rahmen. Das Licht, das aus dem Raum fällt, umkreist seine Silhouette, ich kann die Farben eines Regenbogens sehen. Max hatte immer eine etwas verdrehte und krumme Haltung. Ein Fragezeichen auf zwei Beinen. Jetzt erscheint er gewachsen. Als hätte er in der letzten Stunde an Größe gewonnen und auch an Kraft. Er dreht sich noch einmal um, schaut zurück in den Tempel und verneigt sich. Dann zieht er die Tür ins Schloss und geht bedächtig, mit einem beseelten Lächeln, langsam davon.

Die Szene ist so unwirklich und gleichzeitig ergreifend. Aus der Ferne höre ich seine Schritte, die sich immer weiter von mir entfernen und dann, nach einiger Zeit, wie die Ausgangstür ins Schloss fällt, ein Motor startet und ein Auto wegfährt. Max ist tatsächlich abgereist und hat das Geheimnis mitgenommen.

»Das ist unglaublich«, flüstere ich leise und fühle, wie mein Herz vor Aufregung schneller schlägt. Ich habe es gesehen. Ein Zauber war passiert, Max war verwandelt aus dem Tempel herausgekommen. »Ich will da rein!«, quengele ich wie ein kleines Mädchen, das warten muss, bis die Eisdiele öffnet, und weiß doch genau, dass mit Nörgeln in diesem Haus nichts zu gewinnen ist.

Ich gehe zu den Stufen, die Max eben so leichtfüßig hinuntergegangen ist. Möchte nach der Türklinke greifen, als mein Fuß an einen Kuvert stößt. Es ist weiß, es glitzert und ist mit einem goldenen Schriftzug versehen. Ich lese: »Für Hanna«.

Für Hanna.

Für Hanna.

Bin ich gemeint?

Ich muss gemeint sein.

Der Umschlag ist verschlossen, aber ich weiß, was es bedeutet, findet ein Gast einen Umschlag mit seinem Namen. Ich bin an der Reihe! Jetzt, wo ich hysterisch werden könnte, bin ich auf einmal ganz und gar ruhig und fast schon gefasst. Mit diesem Umschlag lädt mich Lady Buddha zu sich ein. Zärtlich streichen meine Finger über meinen Namen, die Buchstaben sind so schwungvoll, als wäre nicht nur mein Name, sondern mein ganzes Leben eine Kalligrafie, dann öffne ich ihn und ziehe eine goldene Karte, auf der ein Datum notiert ist, hervor. Ich werde bald in diesen Tempel gehen und das bedeutet auch, dass ich die letzten Tage etwas gewonnen habe. Noch immer kann ich dieses Etwas nicht recht benennen.

Das Kuvert in beiden Händen, gehe ich in mein immer zurück.

Die Katze maunzt.

Der Mondschein fällt mir ins Gesicht.

Seelenbaumel

Das summende Geräusch einer fliegenden Hummel lenkt mich beim Packen meines Koffers ab. Dass Hummeln fliegen können ist technisch eigentlich unmöglich, ihr Körpergewicht ist im Verhältnis zu ihren Flügeln viel zu groß. Max war wie diese Hummel. Nie hätte ich für möglich gehalten, dass er fliegen könne und ich Zeuge davon werden würde. Nun ist er fort, so, wie es Brauch in diesem Haus ist. Im Grunde sind wir doch alle wie diese Hummel.

Gut, dass ich hierhergekommen bin. Es ist egal, wenn Duschen nur mäßig funktionieren, Hauptsache, der Ort stimmt und die Energie ist in einem guten Fluss. Heute fühle ich mich, als hätte ich genug Widerstand gezeigt. Ich weiß nun, dass ich lernen kann. Jeden Tag bieten sich Möglichkeiten, die nur ergriffen werden müssen. Auch durch meine eigene Art des Märchenerfindens – hier erfahre ich mehr über die Bereiche in mir, die erwachsen sind oder mutig. Die sich sehnen oder Hilfe brauchen. Und ich habe gelernt, dass das Verzeihen in die Versöhnung führt – in die Versöhnung mit mir. Alles, was ich sehe, bin ich.

Mein Name wurde gerufen. Lady Buddha wird sich zeigen und mich in den Arm nehmen und ich werde ihr erzählen können, was in meinem Leben alles nicht so gut läuft. Sie wird mich trösten, mir einen Rat geben und dafür sorgen, dass ich endlich sicher, geschützt und behütet bin. Das hört sich kleinmädchenhaft an, ich weiß. Aber ist nicht in jedem Menschen ein Teil, das immer Kind bleibt, egal, wie alt wir werden? Das sich nach Schutz sehnt, etwas wünscht und Liebe erhofft? Das wissen möchte, was es kann und wozu es in dieser Welt ist?

»Kommst du?«, ruft Sarah zum offenen Fenster herein. »Gudrun und ich wollen uns ins Gras legen und den Grillen lauschen.«

Schnell trinke ich noch ein paar Schluck von meinem Tee, dann klappe ich den Koffer zu und gehe zu den anderen nach draußen. Diesen Tag will ich besonders genießen, genauso, wie Max es mir empfohlen hat.

Gudrun trägt ein leuchtend rotes Kleid und hat einen großen Strohhut auf ihrem Kopf. Sarah hat eine Latzhose an und natürlich trägt sie eine Mütze, mit dem Unterschied, dass diese heute etwas luftiger und bunter ist.

»Ich habe uns Tücher auf die Wiese gelegt«, zeigt Gudrun auf eine orangegelbe Insel mitten im Grün. Die beiden nehmen mich an der Hand und drei Farbklekse legen sich mitten auf die grüne Wiese. Um uns herum zirpen wie versprochen die Grillen. Ich schließe die Augen. Es ist mindestens hundert Jahre her, dass ich auf einer Wiese gelegen habe, um Grashüpfer zu fangen und Gänseblümchen zu pflücken. Schade eigentlich, denn es fühlt sich sehr schön an.

»Es kommt mir vor, als hätte ich auf sehr vieles freiwillig verzichtet«, beziehe ich die beiden in meine Gedanken ein, doch von links und rechts zischt es nur »Psssssst!« Ben hatte uns darauf aufmerksam gemacht, dass man Orte und Momente ins Innere mitnehmen kann. »Dann braucht ihr nicht mehr zu reisen, sondern ihr seid immer an einem Platz, der euch gut tut und euch heilt.« Diesen Ort hier werde ich mental fotografieren, für immer abspeichern und so oft es geht besuchen. Später werde ich dann noch ein Foto von Lady Buddha für mein Kraftorte-Erinnerungs-Fotoalbum schießen.

Wie sie wohl aussieht? Hat sie viele Arme wie eine indische Gottheit? Ist sie kostbar gekleidet oder eher bescheiden? Brennen in ihrem Tempel Räucherstäbchen und Kerzen? Die Gedanken springen in meinem Kopf hin und her, sodass ich die Grillen nicht mehr höre, außerdem zwickt etwas unter meiner Wade.

»Wenn du sechzig Sekunden lang einfach lächelst, dann nimmt dein Geist das Lächeln an«, höre ich Gudrun leise in den Himmel sprechen.

»Wenn du sechzig Sekunden lang einen Menschen einfach nur liebst, dann liebst du auch einen Teil von dir«, flüstert Sarah und ich stutze, weil mir kein Mensch einfällt, mit dem es mir je so ergangen ist.

Einfach jemanden lieben, ohne dass der etwas getan oder verdient hat. Einfach so mich lieben, ohne dass ich bis zum Äußersten gehen muss, darin besteht mein Weg der Veränderung. Es ist mir in den letzten Tagen nur allzu deutlich geworden, dass ich es bin, die das Karussell meines Lebens zum Drehen bringt. Es hat schon begonnen, langsam zu kreisen!

Ich hänge diese Gedanken an die vorüberziehenden Wolken und lasse sie fortziehen.

»Ich habe meine Einladung erhalten«, sage ich ganz ruhig.

»Oh wie schön«, freut sich Sarah und Gudrun streichelt still den Rücken meiner Hand.

Die Einladung

Wellenförmig überkommt mich die Aufregung, wieder und wieder schaue ich meinen Umschlag an. Heute Nacht! Mir ist, als hätte ich eine teure Eintrittskarte für eine große Opernaufführung erhalten. Wo wird mein Platz sein und was wird gespielt werden? *Parsifal* oder die *Zauberflöte*? Stehe ich mit auf der Bühne? Mein Herz rast. Warum hier wohl niemand von seiner Begegnung mit Lady Buddha erzählt?

»Es ist eine Regel. Es handelt sich um eine sehr individuelle Erfahrung, deswegen spricht niemand darüber«, hat Ben erst knapp auf mein neugieriges Fragen, was mich nun erwarten würde, reagiert, um mir dann zu erklären: »Kein Besuch ist wie der andere. Jeder, der zu ihr geht, erhält eine Antwort auf seine sehr spezielle Frage oder seine Entwicklung im

Leben. Es ist einzigartig, weil Menschen einzigartig sind. Auch du wirst einen ganz persönlichen Blick in deine Seele geschenkt bekommen und etwas darüber erfahren, was dich gerade ausmacht und welches ein nächster Schritt für dich sein könnte. Ob du den nächsten Schritt auch gehen willst, das ist dir selbst überlassen. Jeder Mensch muss die Verantwortung für sich übernehmen. Vielleicht ist das die größte Erfahrung, die uns das Leben bietet.«

Damit hat er Recht. Der Weg meiner Veränderung hat bereits begonnen: Von der Fremdverwaltung zur Selbstverwaltung.

»Geh einfach hin. Lady Buddha ist deine Seelenfreundin. Die Begegnung mit ihr ist keine Prüfung. Es geht um Liebe. Je mehr du dich selbst liebst, desto stärker wirst du ihre Liebe spüren können.« Das war alles, was Gudrun in Bezug auf den Tempel je zu mir gesagt hat.

In Selbstliebe bin ich nicht gerade geübt. Von Gudrun könnte ich mir in Sachen »sich selbst bewusst sein« eine große Scheibe abschneiden. Sie ist hier die einzige Teilnehmerin, die wirklich eine Ahnung von sich zu haben scheint. Von dem, was sie kann und von dem, was sie noch lernen möchte. Sie ist großzügig, auch sich selbst gegenüber. Sie begrenzt sich nicht und nimmt mit Freude an, was sie an sich mag.

Und auch das, was noch gestaltet werden will. »Ich bin mein eigenes Projekt«, sagte sie einmal lachend. »Eine Architektin meiner Selbst. Ständig mache ich archäologische Ausgrabungen alter Annahmen, baue sie um, erneuere, verfestige, erweitere sie und stabilisiere somit die Statik meines Lebens.«

Wie leicht sie das beschreiben kann. Vielleicht hängt es damit zusammen, dass sie Freude dabei empfindet, sich zu erfahren. »Seit ich zu mir Ja sage, begrenze ich mich nicht mehr selbst. Ich weiß, dass mir all das zusteht, was ich mir wünsche. Überhaupt gibt es kein Zuviel an Wünschen, wie man auch nicht dem Meer sagt, es soll weniger Muscheln an Land spülen, oder einem Apfelbaum, er möge sich bitte auf eine bestimmte Anzahl von Früchten festlegen. Die Natur ist verschwenderisch und großzügig. Weil auch ich Natur bin, habe ich mich diesem natürlichen Prozess anvertraut. Deswegen komme ich regelmäßig hierher. Ich vertraue mich der Lady und mir selbst an. Mein Aufenthalt in diesem Haus ist eine Reisezeit in mein Inneres«, hatte sie weiter erklärt.

Anvertrauen. In den vergangenen Tagen habe ich das von Menschen, von denen ich es am wenigsten erwartet habe, gelernt. Ich muss lächeln. Ja, es war Sarah, mein Schneckenmädchen, das mich auf so vieles mit ihren kleinen, zarten, aber energischen Fühlern antippte. Die mich immer wieder zwang, nicht über die Umstände, sondern über mich selbst nachzudenken? Mich gedrängt hat, andere Menschen als Spiegel zu betrachten? Was andere haben, das hast auch du. Je näher uns Menschen sind, desto unbarmherziger ist dieser Spiegel. Wie oft wollte ich Jochen schon verlassen, weil er so nüchtern und unromantisch war. Jetzt kann ich mir selbst an die Nase fassen, wieso war ich so blind?

Als hätte ich ihn gerufen, kommt mir auf dem Weg in die Cafeteria Ben entgegen und wir setzen uns zusammen in eine Fensternische.

»Ich bin aufgeregt«, weihe ich ihn ein.

»Kein Grund zur Sorge«, freut er sich mit mir.

Neugierig kommt die Sonne hinter einer flauschigen Wolke hervor und gesellt sich zu uns. Ein warmes Frühsommerlicht gibt diesem besonderen Moment den perfekten Glanz.

»Hast du ein paar Minuten für mich?«, frage ich höflich, weil ich längst nicht mehr davon ausgehe, dass alle Menschen, die hier arbeiten, für mich rund um die Uhr zur Verfügung stehen. Ich bin kein Gast mehr, sondern Teil dieses Systems geworden. Das macht mich glücklich und auch stolz. Teil von etwas zu sein, ist so viel mehr, als nur Besucher.

»Weißt du«, greife ich einen wichtigen Faden auf. »Wenn man im anderen das erkennt, was einen eigentlich an sich stört, dann verändert das doch auch die Beziehung zu anderen, richtig? Im Grunde braucht man sich dann gar nicht zu trennen, denn das, was man an sich selbst nicht mag, geht dadurch ja gar nicht weg. Man macht nur Platz für den nächsten Menschen, der einem aufzeigt, was man an sich selbst unangenehm oder unpassend findet.«

»Das ist wohl wahr«, stimmt Ben mir nachdenklich zu, »aber mir scheint, als würdest du dennoch etwas übersehen: Diese Lebensregel bezieht sich meiner Ansicht nach nicht nur auf Eigenschaften und Verhaltensweisen, die wir nervig, störend und unpassend finden, sondern auch auf all das, was wir an anderen lieben, schätzen, mögen. Wenn die Regel für das Negative gilt, dann muss sie im Umkehrschluss auch für das Positive gelten. Zumindest ist mir diese Grundregel der Mathematik als eine von wenigen so im Gedächtnis geblieben.«

Bei diesem Eingeständnis muss ich lächeln.

»Also wenn wir im anderen auch das sehen, was in uns gut ist, dann kommen wir uns selbst noch näher.« Ben macht eine kurze Pause. »Überlege mal, was gefällt dir hier an wem?«

Viele positive Beispiele sprudeln nur so aus mir heraus. »Ich mag an Sarah,«, fange ich sogleich mit meinem Lieblingsschneckchen an, »dass sie sich engagiert, einbringt und das obwohl es ihr manchmal sicher schwerfällt. Ich denke, sie fühlt sich oft anders als die anderen. Aber das hält sie nicht davon ab, im Gegenteil, sie versucht immer wieder neu, sich und ihre Sicht auf die Welt zu erklären. Sarah zieht sich eben nicht zurück. Mir hat sie viel Wertvolles gebracht.« Sie ist eigentlich gar keine Schnecke, denn sie ist weder langsam noch zieht sie sich schreckhaft in ihr Haus zurück, sie ist nur bedächtig und vorsichtig.

»Oh wie schön«, Ben sieht mich warmherzig an. »Wirst du ihr das sagen?«

»Auf alle Fälle«, nehme ich mir vor und führe meine Aufzählung fort. »Ich mag an Gudrun ihren Witz. Sie ist für mich eine Grande Dame, hat den

Überblick. Gut möglich, dass andere das überheblich finden, aber ich habe auf den zweiten Blick erfahren dürfen, dass sie so viel Gefühl und Wissen in sich trägt! Ich kann von ihr lernen ... im Grunde auch, wie man älter wird. Sie ist nicht mürrisch und verkniffen, sondern großzügig und lebensklug. Sie lässt alles fließen. Späße, Liebe, Kekse, Ideen – egal um was es geht, Gudrun teilt und verschenkt sich.«

Ben nickt. »Oh ja, auch ich konnte schon von ihr profitieren. Sie ist auf jeden Fall eine echte Lady.«

»Wenn man sich in anderen erkennt«, erklärt mir Ben, »dann spricht man auch von Schattenarbeit. Was du gerade tust, ist Lichtarbeit, oder?«

»Auch an dir mag ich viel«, schüchtern blicke ich zu ihm. Darf ich das jetzt sagen? Klingt es nicht irgendwie kitschig oder denkt er, ich wolle mich anbiedern? Ach, und wenn es denn so sein sollte, wenn ich mich einen Schritt vorwage, dann ist es mir egal. Die Sonne wärmt und lacht, ich tue es ihr nach und verschwende mich dann eben auch ein bisschen. »Ich bewundere an dir, dass du vieles so auf den Punkt bringst und in schöne Bilder packst. Ich kann dir gut folgen, aber du führst mich nicht weg, sondern zu mir hin. Das gibt mir und den anderen in der Gruppe viel Raum, wir können uns ganz auf uns besinnen.«

»Stimmt«, nimmt Ben mein Lob freudig an. »Danke, dass du das so siehst. Und jetzt wiederhole ich mich noch mal: All das, was du an anderen magst, das bist auch du.«

Ach ja. Oh je! Das hatte ich fast vergessen. Wie ein Großmaul komme ich mir jetzt vor, weil ich die anderen so schätze. Ansatzweise bin ich zum Beispiel klug, das weiß ich schon, aber doch eher nur ansatzweise und ob ich mich als lebensklug bezeichnen würde? Das eher nicht. Schnell das Thema wechseln: »Die Sonne tut gut, nicht wahr?«

Ben überhört meinen etwas bemühten Versuch, vom Thema abzulenken. »Wiederhol' doch einfach nochmal alles, was du eben aufgezählt hast, in Ich-Form«, kommt er mit einem wirklich dicken Hammer. Brennende Röte schießt mir ins Gesicht. Ich weiß sehr wohl, was er meint, wozu er mich ermuntern will, aber ich kann es unmöglich aussprechen. Eher beiße ich mir die Zunge ab, als so großspurig zu sein.

»Hört mal!«, Ben winkt Gudrun und Sarah, die gerade auf dem Weg zur Kaffeemaschine sind. »Hanna reist ja morgen früh ab. Deswegen würde sie euch gerne heute noch etwas sagen. Sie hat etwas gelernt und ich finde es großartig, dass sie es mit uns teilen möchte. Na Hanna«, er sieht mich aufmunternd an. »Leg doch mal los.«

Schon setzen sich die beiden zu uns und schauen mich erwartungsvoll lächelnd an. Das ist mir jetzt furchtbar peinlich. So peinlich wie dem stotternden König Georg IV. von England wahrscheinlich die Neujahrsansprache war. Auch mir klebt die Zunge am Gaumen schier fest.

»Mir ist hier aufgefallen«, Augen zu und durch, »dass es doch vieles gibt, was ich an mir mag und schätze.«

»Bitte etwas lauter«, unterbricht mich Sarah sofort.

Also gut, lauter. »Ich bringe mich ein, obwohl es mir manchmal schwerfällt. Ich mag meinen Humor. Für mich bin ich eine Grande Dame, die den Überblick hat. Bin lebensklug und herzlich. Gut möglich, dass andere das überheblich finden, aber die meisten sehen dann auch bald, dass ich großzügig bin und gerne teile. Vieles kann ich auf den Punkt bringen und rege damit andere Menschen an. Ich erwarte aber kein Lob, denn ich schätze mich und meine Arbeit selbst.« Läuft ja richtig gut, ich fühle mich auch gar nicht mehr so unbehaglich. »Ich schätze meine Ehrlichkeit und meinen Mut. Ja und dann bin ich auch dankbar, dass ich gelassen bin – vielleicht noch nicht immer, aber ich werde es immer mehr. Irgendwann bringen mich dann nur noch die ganz großen Herausforderungen aus der Ruhe«, fließt es weiter.

Fertig. So. Meine Augen sind geschlossen. Als niemand etwas sagt, öffne ich zaghaft mein rechtes einen Spalt breit und spitzle zwischen den Wimpern hindurch. Ja, sie sind noch da und schauen mich liebevoll an.

»Kuckuck«, beugt sich Sarah so zu mir, dass sie meinen Blick zwischen den Wimpern erhaschen kann. »Magst du wieder nach draußen zu uns kommen?«

Nicht gleich, erst muss ich mit dem Auge alle Gesichter abwandern. Alle schauen abwartend, freundlich und ich spüre, dass die Runde mir wohlgesonnen ist. Also bin ich mutig und öffne beide Augen mit einem Schlag.

»Das war sehr schön«, nimmt mich Gudrun in den Arm. »Du hast all das gesagt, was ich denke.«

»Finde ich auch«, meint Sarah. »Du hast dich so gut beschrieben. Vielleicht bist du wirklich noch nicht ganz in der Ruhe, aber auf jeden Fall auf einem guten Weg.« Liebevoll schließe ich mein Schneckenmädchen in die Arme.

Auch das ist neu, jemanden in den Arm nehmen. Aber wenn ich andere in den Arm nehmen kann, dann gelingt mir das vielleicht auch bei mir selbst.

»Danke«, mehr musste nicht gesagt werden, außer vielleicht: «Muss ich noch etwas bedenken, bevor ich später in den Tempel gehe?«

»Es ist die Begegnung mit einer guten Seelenfreundin. Alles ist da«, beruhigt mich Ben. »Denn alles ist in dir.«

Lady Buddha

Meine Pullover haben hier keine Fäden gezogen und der Lavendelduft hat mich nicht vergiftet, im Gegenteil, ich mag ihn nun sehr gerne. Der Geruch des Holzes und diese Einfachheit hier werden mir fehlen. Ich drücke meine Nase in das duftende Kräuterkissen und verstaue es in meinem Koffer. Es ist für mich mehr als ein billiges Souvenir und umso wichtiger, da es hier keine Buddha-Figuren zu kaufen gibt. Es wird mich an so vieles erinnern, was ich hier erlebt habe. Die Katze weicht mir seit dem Mittagessen nicht mehr von der Seite und hat mir vom Sessel aus zugeschaut, wie ich meine letzte Sachen zusammengesucht habe. Jetzt möchte sie von mir gekrault werden. Ahnt sie, dass ich gehe und morgen nicht mehr da sein werde? Ich lege mich aufs Bett und wir kuscheln miteinander, sie schnurrt und ich gleite sanft hinüber in einen leichten Dämmerschlaf.

Es wird bereits dunkel, als ich wieder erwache. Bald ist es soweit, weiß ich, noch bevor ich meine Augen vollständig öffne. Ich gehe ins Bad, schließlich will ich einen guten Eindruck machen. Als ich mein kleines Parfumfläschchen aus dem Kulturbeutel nehme, zögere ich einen Augenblick. Ist es überhaupt angemessen, parfümiert einen Tempel zu betreten? Ich entscheide, dass Lady Buddha auf jungen Flieder und zarte Maiglöckchen steht. Dann mache ich mich auf den Weg, alles ist still, ich höre nur meinen Atem. Lächelnd gehe ich an der Nische vorbei, aus der ich erst heimlich die Tür beobachtet habe. Kein Mensch weit und breit. Niemand spioniert mir nach und wenn doch, dann macht es nichts. Erwartungsvoll gehe ich die Stufen nach oben, einmal noch tief Luft holen, dann lege ich meine Hand auf die Klinke und drücke die Tür vorsichtig auf.

Flackerndes Kerzenlicht empfängt mich. Ich trete ein, beeindruckt von der Schönheit und Wärme, die den Raum erfüllt. Leise Harfenklänge machen den Rest der Welt vergessen. Ein Weg aus Frühlingsblumen leitet mich zu einer kleinen Empore.

Da ist sie! Schön und groß, mit einem Blick, der mich tief in der Seele berührt. Ihr Haar fällt seitlich, es ist gelockt, ihr Mund lächelt warmherzig, die Wangen sind ganz zart gerötet. Sie ist kein Mensch.

Ist sie aus Holz?

Ich weiß es nicht und es ist mir auch egal, da diese Frauenfigur auf ihre ganz eigene Weise lebt. Etwas in ihr scheint zu pulsieren. Ein Atem? Ein Herzschlag? Höre ich einen Ton? In Lotushaltung sitzt sie auf einem großen Kissen, ein goldener Rahmen, der sie umringt und der üppige Stoff ihres Kleides, der über das Podest bis zum Boden fließt, machen die Lady in ihrer Vollkommenheit zu einem Bild, das kein Bild ist, sondern vielmehr ein Zuhause. Demütig trete ich näher an sie heran. Wie ihre Augen leuchten! Sie sind strahlend blau. Ihr Kleid ist aus grüner Seide mit kleinen türkisfarbenen Ornamenten übersät. Blütenblätter zieren ihr Schultern und die gen Himmel gerichteten Handflächen.

Was soll ich tun? Ihr gegenüber liegt ein Kissen für mich bereit. Ohne den Blick von der Lady zu wenden, setze ich mich ehrfürchtig nieder. Nun sind wir Auge in Auge. Gibt es etwas, was ich jetzt machen muss? Mich verneigen? Meditieren? Beten?

Den Augenblick genießen, das versuche ich jetzt. Bei all der Schönheit, die ich fühle und erkenne, kann ich sowieso keinen klaren Gedanken fassen. Sie ist das Herrlichste, so kommt es mir in diesen Sekunden vor, was ich je gesehen habe. Tränen verschleiern mir den Blick und je weniger ich sehe, desto mehr

Weisheit und Wohlwollen erfüllt mein Inneres. Sie muss mir nichts sagen! Etwas in mir ist mit der Lady in Kontakt und als wären es Bilder, die in mir entstehen, begreife ich, dass es um nichts anderes geht als darum, endlich anzunehmen, dass ich bereits alles weiß. Das Mitgefühl, das ich von ihr empfange, ist in mir. Ich bin mir nah, auch wenn ich für diese Empfindung keine Erklärung, keine Worte finde.

Ein Geräusch holt mich zurück. Leise betritt Ben den Tempel. Er verneigt sich vor der Statue und er verneigt sich auch vor mir. Still!, bedeutet er mir. Ich soll es akzeptieren, dass mein Lehrer sich vor mir verneigt? Fast wird mir schwindlig bei dem Gedanken.

»Kannst du sie fühlen?«, flüstert er und setzt sich neben mich. Er hat kein Kissen und ich bin versucht, ihm meines zu überlassen. Gleichzeitig weiß ich, dass er es nicht annehmen wird – weil dies mein Moment ist.

»Sie ist so schön«, nicke ich und werde nicht satt, sie zu bestaunen. »Ich fühle mich sehr wohl.«

»Sag mir, was du genau fühlst«, höre ich seine leise Frage.

»Ich fühle Liebe, Geborgenheit und Annahme.«

»Dann schließe nun die Augen.«

Es ertönt eine Klangschale, deren feine Schwingung durch meine Zellen vibriert. Ich rieche den Duft von Sandelholz und fühle die Hände von Ben auf meinen Schultern.

»Kannst du die Mutter, die Lady spüren?«

Ich nicke.

»Und weißt du, wo diese Liebe wirklich wohnt?«

Meine rechte Hand legt sich auf mein Herz.

»In uns vereint sich das Göttliche mit dem, was wir heute sind und wo wir leben.«

Ich nicke wieder.

»Du hast es in dir aufgenommen und wirst es nie mehr suchen müssen. Nichts gibt es, was wir aus dem Äußeren benötigen, denn wir tragen alles in uns. Wenn wir uns selbst annehmen, so gibt es eine Quelle von Weisheit und Licht, die uns führt und begleitet, so lange wir atmen und unser Herz schlägt.«

So viel Weisheit, so viel Frieden, so viel Wohlwollen und Annahme habe ich in meinem Leben noch nie gespürt. Es ist die pure mütterliche Kraft, die sich in einem Gefühl der Liebe in mir zeigt, wie ich es noch nie empfunden habe.

»Wenn du all diese Kraft in dir finden«, sagt Ben, »annehmen und mitnehmen möchtest, dann öffne die Augen.«

Zwischen mir und der Statue befindet sich jetzt ein Spiegel. Er hängt von der Decke herunter und ist gerade so groß, dass sich mein Gesicht darin spiegelt. Ich kann Lady Buddha und mich sehen. Ich bin sie und ich bin ich. Unsere Umrisse verschmelzen zu einem. Ich kann nicht mehr erkennen, wo mein Spiegelbild aufhört und ihre Gestalt beginnt.

Lange sitze ich so und betrachte unsere Einheit. Als ich an meinem Körper herunterblicke, merke ich, dass um meine Schultern ein roter Seidenschal liegt, Blütenblätter ruhen auf meinen Beinen, meinen Armen und dem Kissen, auf dem ich sitze. Jetzt spüre ich ein Lächeln um meinen Mund, das ich eben noch bei Lady Buddha sah. Ich bin es, die mich annimmt, die mich schützt. Ich bin Lady Buddha.

Angenommen werden. Das habe ich mir von Lady Buddha gewünscht, aber nur ich selbst kann es mir geben. Niemand steht mir näher als ich es tue. Kein weiterer Mensch wird mir je näher kommen und länger mit mir verbunden sein, als ich. Ohne, dass ich mich eitel oder überheblich fühle, weiß ich nun, dass ich auch keine Lady Buddha benötige, denn Lady Hanna wohnt in mir. Ich bin der Buddha, von dem ich Weisheit erfahren will. Keine Heiligkeit kann mir die Verantwortung abnehmen, die ich selbst für mein Leben und mein inneres Wachstum trage. Ich bin in ihr. Sie ist in mir. Wir beide ergeben einen Teil des Ganzen. Das Ganze, das unsere Welt trägt und uns als menschliche Wesen führt.

»Du hast verstanden.« Bens Hand legt sich flach in meinen Rücken.

»Ja«, antworte ich.

»Dann geh!«, fordert er mich auf. Ich verneige mich vor ihm und dann vor der Frau, die ich im Spiegel sehe.

»Kommst du mit?«, frage ich in den Raum hinein und eine zarte Stimme in mir flüstert leise »Ja!«

Ende

Leseprobe

Niklas Bergmann

Picknick im Olivenhain

Vom Innehalten und
sich wieder finden

978-3-451-06940-6

Aus Kapitel 1 »*Eine kleine Rast im Schatten*«

Ein großer Teil seines Tagespensums, das er sich vorgenommen hatte, lag bereits hinter Steffen. Noch ein paar Minuten, dann würde er die Anhöhe erreicht haben und eine Pause einlegen können. Es war die meiste Zeit bergauf gegangen und es war anstrengend gewesen. Aber genau das liebte er – an seine Grenzen zu gehen, absolute Erschöpfung zu erleben und sich zu spüren. Der Schweiß, der ihm über das Gesicht den Hals hinunterrann und auf dem T-Shirt dunkle Flecken hinterließ, war der Beweis dafür, dass er lebte.

Die Kette seines Mountainbikes schnurrte wie ein Kätzchen über das Ritzel und der Schotter knirschte unter den Reifenstollen. Er spürte, wie die heiße Mittagsluft in seine Lungen einzog und wie er sie wieder ausstieß. Er freute sich schon auf den ersten Schluck aus seiner Wasserflasche und eine kleine Gesichtsdusche, die er vornehmen würde, um sich das Salz aus den Augen zu spülen, das der Schweiß hinterlassen hatte. Eine kleine Rast im Schatten würde ihm guttun nach drei Stunden Berg- und Talfahrt durch dieses unendliche Meer von Olivenbäumen.

Unter Stöhnen trat er in die Pedale. Diese Strecke war echt mörderisch. Seine Hände umklammerten den Lenker. Ich soll beim Greifen nicht verkrampfen, erinnerte er sich an Matthias, seinen Krankengymnasten, der ihn nach zu langen Touren immer wieder aus der Verspannung in die Aufrechte massierte und ihm Tipps gab, wie er diese Verspannungen vermeiden könnte. Es war für Steffen oft wie ein Zurechtgerücktwerden, wenn er lange Strecken in einer ungesunden Beugehaltung mit dem Rad gefahren war. Magnesium, nahm er sich vor, heute Abend werfe ich die doppelte Menge ein und werde meine Beine mit Magnesiumspray besprühen. Das war das Allerneuste, gelangte sofort dahin, wo es hingehörte. Keiner seiner Sportkumpel hatte eines dieser Sprays. Das hatte nur er, Steffen, und er würde die Bezugsquelle ganz sicher nicht so schnell verraten. Ein gewisser Vorsprung tat immer gut!

»Ein bisschen Spaß muss sein«, presste er mit gequälter Miene zwischen den Zähnen hervor. Den alten Roberto-Blanco-Hit hatte seine Mutter immer bei Urlaubsfahrten gesungen, wenn sie wieder mal in einem Stau gelandet waren und er und sein Bruder sich auf dem Rücksitz langweilten. Richtig. Ein bisschen Spaß muss sein! Und den werde ich haben, dachte er sich, da könnt ihr alle Gift drauf nehmen! Kerstin, die ihm diese Tour beinahe vermasselt hätte, kam ihm schlagartig in den Sinn. Sie war ja wirklich eine ganz Liebe, aber einfach ein bisschen zu anhänglich für seinen Geschmack. Schnell weg mit diesem Bild. Das machte keine gute Laune. Im Moment nicht! Dazu war er noch zu sauer über die Abschiedsszene, die sie ihm am Vorabend vor seiner Abreise gemacht hatte. »Immer denkst du nur an dich. Nie haben wir Zeit miteinander!«, äffte er innerlich ihren Tonfall nach.

Dreihundertfünfzig Kilometer mit dem Rad, auf Schotterwegen, mitten durch die Landschaft Apuliens, nur Olivenbäume, Felsen und Meer! Das sollte ihm mal einer nachmachen. Nicht im Schwarzwald

oder Odenwald Rentnerrunden drehen, sondern rauf auf den Buckel und wieder runter und selbstverständlich querfeldein und durch menschenleere Gegenden. Immer neue Wege beschreiten. Das war er als Creative Director einer Werbeagentur gewohnt. Steffen äugte auf seine Smartwatch, seinen »Bordcomputer«, wie er ihn launig nannte. Körpertemperatur siebenunddreißig Grad, sein Puls bei einhundert und in der letzten Stunde fünfhundertsiebzig Kalorien verbraucht. »Nicht schlecht, Herr Düsentrieb«, lobte er sein Herz, das er in seiner Brust klopfen spürte.

»Jaaauuuuuu«, nahm er die nächste kleine Steigung. Noch dreihundert Meter, dann war gut. Den Schatten, den einzelne Bäume warfen, spürte er nur für den Bruchteil einer Sekunde. Das Ziel war der Weg, besonders wenn eine Rast lockte.

»Radeln!«, knirscht er zwischen den Zähnen hindurch. Dass man dafür noch kein anderes Wort gefunden hatte. Das war kein Radeln, was er da tat. Radeln klang nach Vatertag. Ich muss mal mit den Jungs in der Agentur überlegen, welche Worte es noch gibt, notierte er sich in sein inneres Heft. Vielleicht besser Biken. Aber immer diese Anglizismen … Jedoch konnte man mit neuen, smarten Begriffen vielleicht bei Sportunternehmen punkten und so neue Kunden gewinnen. Steffen war schon lange darauf aus, einen Kunden aus der Outdoor-Branche zu akquirieren. Das wäre sein Ding! Warum sollte man das Angenehme nicht mit dem Nützlichen verbinden? Vielleicht käme er so an die neuesten Produkte, noch bevor sie auf den Markt kamen. Er brauchte ja schließlich Anschauungsmaterial, um eine Kampagne zu entwerfen.

Kraftvoll in die Pedale treten, Höhenmeter schaffen und sich geschmeidig in die Kurven legen – das war pures Adrenalin! Er liebte es. Nach seiner Tour durch die Schweiz vor zwei Jahren hatte er sich die Formel in den rechten Unterschenkel tätowieren lassen: C9H13O3. Der zottelige Tätowierer hatte nicht schlecht gestaunt und seine Piercings hatten nervös geklappert. Diese Zahlen- und Zeichenkombination war ihm nicht bekannt gewesen. Steffen hatte sich einen Spaß daraus gemacht, ihm eine Geschichte dazu zu erzählen, und aus der Formel eine Flugzeugnummer gemacht. »Turbulenzen«, hatte er dem Typen einen Bären auf die Nase gebunden, »ich konnte mich mit einem Fallschirm retten.«

Zur Nachsorge der Wunde hatte er es vorgezogen, in ein anderes Studio zu gehen.

Die kleinen Schottersteine, die durch den Schwung des Vorderrads zur Seite sprangen, amüsierten ihn. So sollte es immer sein: Alles, was störte, hatte aus dem Weg zu springen. Steine, Äste, Menschen, Kerstin. »Das reimt sich ja fast!«, lachte er laut los und geriet dadurch für eine Sekunde fast ins Schleudern. Allein an Kerstin zu denken verursachte in ihm ein beklemmendes Gefühl.

Seine Muskeln zitterten, denn es war anstrengend und es war heiß und Steffen hatte nur sehr sparsam gefrühstückt. Die Steigung war doch nicht ganz so harmlos, wie sie zunächst erschienen war. Aber gleich würde es einen Eiweißriegel geben. Einzelne Schweißperlen liefen ihm von den Schläfen den Hals hinunter. Es kitzelte, als würden Fliegen auf ihm tanzen. Jede einzeln Perle war mit größter Anstrengung hart erkämpft. Etwas in ihm verkrampfte sich. »Ich darf nicht daran denken, dass ich es nicht schaffen könnte«, erinnerte er sich an seinen Personalcoach, der ihn mental auf die Tour vorbereitet hatte. Sonst kommt es noch so, wie ich es mir vorstelle. Trotz Training. Trotz Eiweißnahrung.

Als würde das Wetter sich gegen ihn wenden, hatte sich ein Wind aus der Gegenrichtung erhoben, der heißen Staub aufwirbelte. Damit hatte Steffen nicht gerechnet. Mit aller Kraft stieg er in die Pedale und spürte die leise Wut, die so kurz vor der Rast in ihm aufstieg. »Du kriegst mich nicht klein«, schrie er in den Wind. »Fuck!« Liebend gern wäre er jetzt abgestiegen und hätte die letzten Meter sein Rad geschoben, aber sein Ehrgeiz war stärker als alles Gefühl von Ausgepowertsein in ihm. Egal wie fertig er auch gerade war, ganz sicher war es nicht der dämliche Wind, der ihm auf dem Weg zu seinem Erfolg einen Strich durch die Rechnung machen würde. »Die Blöße gebe ich mir nicht!« Der Wind schien seine Stärke zu spüren und legte sich so schnell, wie er aufgekommen war. »Warum nicht gleich so?«, zischte Steffen noch einmal wie zum Abschied mit einem triumphierenden Unterton.

Der Stoff seines Trikots klebte feucht an seinem Rücken. Die dunklen Flecken unter den Achseln breiteten sich immer weiter aus. In Summe zeichneten sie die Landkarte seiner Tour. An seinem Trainingsshirt ließ sich ablesen, wie hart eine Strecke gewesen war und wie ernsthaft sich Steffen der Herausforderung gestellt hatte.

…